泰戈尔
我的存在，是一个永久的惊奇

赵彤彤 / 著
Zhao Tongtong

【诗歌行者系列】

哈尔滨出版社
HARBIN PUBLISHING HOUSE

图书在版编目（CIP）数据

泰戈尔：我的存在，是一个永久的惊奇 / 赵彤彤著
.—哈尔滨：哈尔滨出版社，2018.3
（诗歌行者系列）
ISBN 978-7-5484-3772-7

Ⅰ．①泰… Ⅱ.①赵… Ⅲ.①传记文学 – 中国 – 当代 Ⅳ.①I25

中国版本图书馆CIP数据核字（2017）第298236号

书　　名：泰戈尔——我的存在，是一个永久的惊奇

作　　者：赵彤彤　著
责任编辑：任　环　李金秋
责任审校：李　战
装帧设计：上尚装帧设计

出版发行：哈尔滨出版社（Harbin Publishing House）
社　　址：哈尔滨市松北区世坤路738号9号楼　　邮编：150028
经　　销：全国新华书店
印　　刷：哈尔滨市石桥印务有限公司
网　　址：www.hrbcbs.com　　www.mifengniao.com
E-mail：hrbcbs@yeah.net
编辑版权热线：（0451）87900271　87900272
销售热线：（0451）87900202　87900203
邮购热线：4006900345　（0451）87900345　87900256

开　　本：787mm×1092mm　　1/16　　印张：15　　字数：154千字
版　　次：2018年3月第1版
印　　次：2018年3月第1次印刷
书　　号：ISBN 978-7-5484-3772-7
定　　价：42.80元

凡购本社图书发现印装错误，请与本社印制部联系调换。　服务热线：（0451）87900278

/ 序

一位白发苍苍的老者，髭须冉冉，双目有神，面容如雕刻般棱角分明，身披一袭印度长袍，好似东方神秘的圣使，衣袂飘飘，缓缓走出历史的迷雾。

泰戈尔是印度著名诗人、作家、社会活动家。这位世界级的伟大诗人实在太有名了，他一生写过很多诗，寥寥数语，却表现出极多内涵与深意，句句堪称神品，人人称颂。

读这本书，请先忘记他有多么了不起，忘记他是一个世界级的诗人，忘记他是诺贝尔文学奖的得主，然后去一字一句地品读他的诗，看一看他是在何种境遇下写出那首诗，想一想为什么他的诗那么好，不会消失在时代的洪流中，而是经受住时光的打磨，熠熠生辉。

一样的眼睛，不一样的眼界。无论你在世界的什么地方，无论你正经历什么事情，泰戈尔的诗都能为你的灵魂指引方向，照亮前路。温故，方能知心，在泰戈尔的文学世界中徜徉，你会从内改变，善良和美好会让你的生命发光。

现在，跟随命运的指引，一起走进泰戈尔的世界吧！

目　录

第一章
恒河边的古老家族
001 / 022

人是会欺诈的
你生于一个从不欺骗人的婆罗门家庭
歌声的辙痕跨过黄昏的静谧
生命是天赋的

第二章
小大人小中见大
023 / 040

每一个孩子出生时都带来信息
孩子有成堆的黄金与珠子
那群花朵是在地下的学校里上学
因为我是一个小孩子

第三章
年少轻狂时
041 / 058

那么可笑地不懂得事
爱就是充实了的生命
甜蜜的笛声抖动着浓密的花丛
绣上瑰丽的花边

第四章 远行而归 059 / 078	我到异邦去旅行 你的气息向我低语出一个不可能的希望 难道你一定要走 我要永远从我的思想中屏除虚伪
第五章 把生活看成诗 079 / 096	那时才看得见无限之门 世界已在早晨敞开了它的光明之心 当乌云与阳光接吻 人世间的生活像游戏一样缤纷多彩
第六章 最好的不会单独而来 097 / 114	我愿我能在我孩子自己的世界的中心 世界对着它的爱人 自然的眼睑上落上了黑暗的帷幕 太阳只穿一件朴素的光衣

第七章
入世之人

115 / 132

当我们热爱这个世界时
你肯挟跛足的泥沙而俱下吗
一线镇定而纯洁之光
熔化欲念的金子

第八章
有信仰才有指引

133 / 152

神对于那些大帝国会感到厌恶
心灵是受你的指引
巨大悲哀的黑暗
你是万民心灵的主宰

第九章
获得诺贝尔文学奖

153 / 172

笛管里吹出永新的音乐
孩子们会集在无边无际的世界的海边
你使不相识的朋友认识了我
我接到这世界节日的请柬

第十章
心无国界

173 / 190

人对他自己建筑起堤防来
闪雷在浓密的深渊里边轰鸣
今天醒来，彼此亲密无间
你的海螺声震撼人间整个大地

第十一章
不同的世界

191 / 208

沉默的鸟巢
我去过中国
在七星星座上筑起自己的梦幻世界
用我的名字囚禁起来的那个人

第十二章
生命的黄昏绝唱

209 / 225

膺获红色的吉祥志
手里拿着"死亡"的护照
在死亡的可怕舞蹈里
他单纯的信仰将永远发光

后记 / 226
附录　泰戈尔大事年表 / 228

第一章

恒河边的古老家族

人是会欺诈的

> 光明如一个裸体的孩子,快快活活地在绿叶当中游戏,它不知道人是会欺诈的。
>
> ——泰戈尔《飞鸟集》

泰戈尔,世界文学史上的巨匠,被世人尊称为"诗圣"。泰戈尔的作品,在印度具有史诗级的地位,超越国界的藩篱,至今为世界各地的人所赞颂。他是一位神圣的使者,用心灵之眼看世间万事,用诗来诉说这个世界的美好。

品读他的诗,先要了解他这个人。而想要了解他,先要追溯他的过去,考察他在什么样的地方出生,在什么样的家庭长大,并翻看他不同时期的作品,只有这样,才能看到一个完整的泰戈尔,才能体会他诗中的境界,进而真正理解他的诗。

泰戈尔出生在印度，这是一个很特别的东方国家，古老而神秘。印度的种姓制度，时至今日仍有很大影响。种姓制度在《吠陀》的赞歌中有所反映。对于印度人来说，一切由此开始，赞歌世代传承，根深蒂固地刻在心上。

《梨俱吠陀》中有这样的故事：梵天大神的嘴巴变幻成所谓的"婆罗门"，即僧侣，掌握神权，主持祭祀；"刹帝利"是由梵天的双臂幻化而成的，即武士，掌握政治和军事权力；"吠舍"是由梵天的双腿变幻而成的，即农牧民和工商业者；"首陀罗"是由梵天的双脚变幻的，即杂工、仆役或奴隶。

种姓制度也就是"卡斯特"（caste）。这个词并不属于印度语言。早期来印度的葡萄牙人，看到这里阶级差异这么严重，就称之为"卡斯特"，后期就这样叫了下来。在我们国人的语言中，就译为种姓制度了。

代表身份阶层的词应该是"瓦尔纳"，意为"肤色""品质"，是梵语Varna的音译。"婆罗门"代表着至高的地位，是纯洁的白色；第二位的"刹帝利"是鲜艳的红色；"吠舍"是棕褐色；最下层"首陀罗"是黑色。这些颜色是指人的皮肤的颜色。以肤色来代表阶级可以追溯到印度吠陀时代。

在这种人被戴上种姓的枷锁，出生即被打上烙印的印度社会中，人们的社会地位、分工职责和面临的机会，都是由出生这种偶然事件决定的。每一个家族，或者说每一个特权型的家族，都会为了确保本家族的昌盛而竭尽全力维护这种种姓制度。

泰戈尔出身于大家族，家谱亦可追本溯源，但是即便是考证家谱，也有很多传说和逸事是模糊不清的，帝王传记都不可全信，何况这些名门望族？总有这样那样的原因让事实蒙上一层纱。但是，既然是世代流传下来的东西，就有一定真实性，或者至少有一定关联性，否则传说不会一直流传下来，这是所有历史的必然。

公元8世纪中叶，长时间的政治动乱和宗教与社会的无政府状态之后，孟加拉建立了一个强大的印度教王国。为了能够掌握并巩固政权和宗教与社会的无政府状态之后，古代的种姓制度必然沿用，这是重建印度教社会的根本。格瑙杰王国五大婆罗门家族被邀请到了孟加拉。格瑙杰王国以婆罗门文化为尊，五大婆罗门家族更是孟加拉贵族中的魁首。其中有一位名叫德卡什的人，他就是泰戈尔的祖先。

12世纪末，土耳其人入侵孟加拉，阿富汗人也来插上一刀，孟加拉成了德里穆斯林帝国的附属省份，成千上万的印度教徒不得已改变了自己的宗教信仰，成为穆斯林，这只是为了在乱世中生存。有一个婆罗门就是在这一时期依附新教的，他叫比尔阿利·汗，他有两个婆罗门兄弟做幕僚，名字叫吉叶代沃和伽姆代沃。

相传，斋月的一天，比尔阿利·汗闻了闻柠檬的香气，伽姆代沃看见后就笑着说："我们的宗教中，如果闻了食物的香气，就相当于吃了一半食物，你的封斋被破坏了。"当时比尔阿利·汗没有说话，但是心里却不高兴了。过了些日子，比尔阿利·汗举行聚会，邀请了两兄弟和一些印度教徒参加。

聚会的屋子旁摆设了一些酒菜，牛肉和猪肉香气四溢，当印度教徒闻到的时候，比尔阿利·汗就笑着说："按照你们的宗教，这样闻了一下，也相当于吃了一半，那么诸位都已经吃到牛肉了，你们的种姓已被玷污。"所有印度教徒都不安地骚动起来，用衣袖捂住口鼻飞快地奔跑而出。对他们来说，他们已经被玷污了。

牛在印度被视为"圣牛"，是所有教徒崇拜的对象，有很多关于牛的传说。就在今时今日，也常常看到牛在车水马龙的路上优哉游哉，可想而知"圣牛观念"有多根深蒂固。

可怜的伽姆代沃就这样被比尔阿利·汗坑害了。犯了教规是会被降级为亚种姓的，会被称为比拉利，或者是比利利婆罗门。婆罗门至高无上的地位仅仅是依赖于这种所谓的种姓的圣洁，如此轻易便失去了，都是因为一个可怕的现象——"人多势众"。多数人都相信的东西，不一定是对的，但人多必然声势浩大，于是大家都把它当成是真理。

比尔阿利·汗是狡诈的，他内心险恶。他不尊重别人的宗教信仰，以欺骗的手段让纯洁的人蒙受不白之冤。不知伽姆代沃有没有后悔说出那些话，也许玩笑都有一定的真实成分，每个人都要为自己的话负责。这世间的很多事，都是无奈的命中注定。

人性是有其黑暗的一面的，泰戈尔诗中曾写过："光明如一个裸体的孩子，快快活活地在绿叶当中游戏，它不知道人是会欺诈的。"

和煦的阳光普照大地，照在人身，亦照在人心，如果没有阴影怎么会感知到光明呢？人都是有阴影的，所以人是会欺诈的，本性使然。但是在大自然中，光照大地，本就是自然而然的事情，光明就如一个裸体的孩子，一片真诚，所以才能快活地在绿叶中游戏，它不知道更不必在意人是狡诈的，因为它从不要求被光照者有所回报。

你生于一个从不欺骗人的婆罗门家庭

> 你不是一个非婆罗门,你属于再生种姓里最高的种姓,你生于一个从不欺骗人的婆罗门家庭。
>
> ——泰戈尔《婆罗门》

泰戈尔家族在比尔阿利·汗事件发生后,不再是圣洁的婆罗门,按照当时的观念,泰戈尔家族婆罗门阶级的传承就到此为止了。

因为所谓的婆罗门至高无上的地位,仅仅是依赖于出身,并且只因为闻到牛肉的香气就破戒失去了。这是多么愚昧可笑的事实啊!宗教信仰不是迷信,不论何种教派,真正的信仰都应该是友爱、智慧和宽容的,真正的婆罗门传承也不该由偶然的出生来决定,盲目的崇拜只会让婆罗门阶层膨胀得自以为是,而人们却深陷迷信的泥潭。

泰戈尔写过一首名叫"婆罗门"的诗，诗中讲述了圣者乔答摩的故事。在印度，学习神圣的《吠陀》是婆罗门阶层的专利，低层级种姓是没有权利学习的。诗中，小小的苏陀伽摩虔诚地想要跟随圣者学习，却被母亲告知"妈妈的青春被穷困盘踞着，我曾经做过不少男人的奴隶。你生在没有丈夫的女人的膝下，妈妈不知道你的种姓是什么。"

苏陀伽摩知道了自己出身卑贱，但是没有因阶层低而感到自卑，依然向往学习《吠陀》。当圣者问他属于哪个种姓的时候，他大声地说出事实，没有用谎言来掩饰出身。环坐在圣者身边的婆罗门弟子听到了这样的回答，立刻讥笑怒骂、议论纷纷，而圣者乔答摩却在这一瞬间被打动了。

乔答摩伸手抱住他说："孩子！你不是一个非婆罗门，你属于再生种姓里最高的种姓，你生于一个从不欺骗人的婆罗门家庭。"种姓的界限被苏陀伽摩的诚实品质打破，被乔答摩的仁爱之心打破，而那些出身婆罗门的高贵学生，他们泯灭人性，盲目地捍卫着种族之见，这正是诗人泰戈尔所要表达的精神，他告诉了世人种姓制度的愚昧，告诉了世人最高贵的婆罗门应该拥有圣洁的心灵和诚实的品质。

泰戈尔家族因为比尔阿利·汗事件而蒙羞，被婆罗门阶层拒之门外，初时，他们的思维还没有转变，依然向往着婆罗门这一神圣之路，在所有禁锢中，思想的禁锢是最可怕的禁锢，人被思维框架锁死，深陷其中很难拉高视野，跳出禁锢。

泰戈尔家族曾经站得很高，而站得越高摔得越狠，失去了婆罗门的光环，他们遭受了来自各方面的无情打击。红尘俗世中向来不乏落井下石的薄凉之人。泰戈尔家族中待字闺中的女儿，到了适嫁年龄竟然因此而乏人问津。对于印度教徒来说，这是不光彩的事情。而且直到今天，这种观念仍然存在，种姓制度根深蒂固，种姓阶级细分，男方不能娶比自己阶层高的女性，就像地位低的女性只能通过更多的嫁妆来抬高自己的身价，否则会被夫家嫌弃，这些都是约定俗成的观念。

泰戈尔家族的女儿，不愿意嫁入低等级的家族中去，而其他婆罗门又看不上已经低人一等的亚种姓婆罗门，就在泰戈尔家族为嫁不出去女儿而发愁的时候，女儿的真命天子终于出现了。在任何年代，都有为爱而不顾一切的人。他是一个婆罗门贵族中的勇者，名字叫作吉格纳塔·古夏利，他以真诚之心求娶他的新娘，勇敢而无所畏惧。

这一场婚姻让吉格纳塔·古夏利也体会到了世态炎凉。在闻了牛肉香气就丧失种姓圣洁的观念中，迎娶这样家族中的新娘，是要付出代价的，不单是这位勇敢者，整个家族也要经受磨难。

命运的罗盘不停转动，一个选择代表着一条新的道路。

最终，吉格纳塔·古夏利离开家乡，远走乌特尔巴拉村寻找立身之地。乌特尔巴拉村位于今天的巴基斯坦东南部地区，泰戈尔家族就是这个古夏利家族的一支，也就是这个勇敢的般伽纳·古夏利家族，发展成后来的泰戈尔家族。

"如果你因失去了太阳而流泪，那么你也将失去群星了。"泰戈尔的诗告诉人们，不必为不能改变的过去忧伤流泪，如果你的泪水模糊了双眼，那么夜晚来临的时候，你就看不到闪耀的星光了。塞翁失马，焉知非福？对待世事无常，对待失去，人应该做的就是收拾好心情，为下一次机会而努力。

命运让这个家族经历了驱逐和不幸，也让这个家族的成员得到了去冲破一切限制的勇敢和叛逆精神。他们失去种姓的骄傲，更加无所畏惧了，他们不再固守婆罗门的优越，对于没什么可失去的人来说，他们更加自由了，他们不再纠结种姓的圣洁，不再追求印度教徒虚无缥缈的神圣道路，他们脚踏实地，为生存而努力生活。

就在17世纪末，苏克代沃和般伽纳叔侄二人离开家，前往恒河附近的戈温德普尔村定居。那是混乱的年代，异国人从大洋彼岸来到印度，白种人在这里开设工厂，他们是外来侵略者，但也是为混乱的印度带来生机的人，当时的统治者实行亲善政策。

戈温德普尔就是现在加尔各答的一部分，是一个小小的渔村。当地渔民都是处于种姓中低阶层的穷苦人，他们见到一家尊贵的婆罗门到这里生活，全都欢天喜地。因为种姓阶层相差很多，所以在他们眼里，泰戈尔家族和其他婆罗门一样尊贵。

对待这些真诚的人，泰戈尔家族报以同样的真诚。那些可爱的人称般伽纳为般伽纳·泰戈尔，因为泰戈尔在印度语中的意思是"尊贵的主人"。虽然被称为尊贵的主人，般伽纳还是踏实地找工作，他找到一份从河上往村外不远处的外国大船上运送食品物资的差事，般伽纳就这样开始定居于此地的生活。因为工作的需要，般伽纳经常和英国人以及其他国家的商人打交道，外国人不熟悉印度语，以为般伽纳·泰戈尔中泰戈尔就是家族的姓，所以都叫他泰戈尔先生，喊的人多了，时间久了，泰戈尔就是这样叫出来的，并随着家族的兴盛而广为流传，直至今日。

　　思想的转变为泰戈尔家族带来新的转机，家族优秀文化与精神世代传承，他们将成为新一代名门世家。泰戈尔身上的真诚、勇敢和无所畏惧等优秀的品质，正是从父辈那里继承的，他的观点也都在他的诗中体现。

歌声的辙痕跨过黄昏的静谧

> 他穿过看不见的黑暗，留下他的歌声的辙痕跨过黄昏的静谧。
>
> ——泰戈尔《家庭》

泰戈尔家族如果没有遭到意外，那么一定会一直沉迷于婆罗门的优越，是不可能跳脱出原生活框架的，甚至会成为婆罗门的捍卫者，一直深陷安逸之中。动荡中，泰戈尔家族反而有了一个新的选择，命运被重新设定。

随着在印度的英国力量越来越强盛，泰戈尔家族也越来越富裕。这是印度整个国家的历史方向，也是泰戈尔家族的历史走向，印度的新时代已经在不知不觉间开启了。资本主义入侵，工业时代来临，本国统治阶级力量衰弱，印度依附于外国统治者的时代来临了。

小小的渔村,在英国力量强盛和商业贸易日渐强大的时代背景中扩大起来,成为新时代印度的商业贸易中心,日后它会成为世界闻名的加尔各答,泰戈尔家族再次成为名门望族,他们在加尔各答的产业越来越多,领地也越来越大,盖了很多楼房。

1794年的时候,德瓦尔伽纳塔·泰戈尔出生了,就在这一代,家族发展达到一个巅峰时期。德瓦尔伽纳塔·泰戈尔就是泰戈尔尊敬的祖父。他勇敢机智而潇洒不凡,是一个具有领袖品质的天才,时人称其为"王子"。德瓦尔伽纳塔建造了一个商业王国,涉足煤、硝石、茶叶、糖和蓝靛等多种行业,拥有无数大庄园,还有一支完整的船队,在英国和印度之间倒卖物资。印度的第一家以印度资金建设的现代银行——联合银行就是由他创立的,他以"泰戈尔公司"名义管理这些企业。在外国势力横行的年代,泰戈尔家族的崛起代表了本土力量的兴盛。

手掌巨额财富,让德瓦尔伽纳塔过上了奢华的生活,他像王公大臣般招待贵客。虽然已经拥有非常多的钱,家族还是保留很多保守的印度生活方式,比如德瓦尔伽纳塔还是早晚祈祷家神,家中的主妇都赤脚而行,虽然仆役众多,主妇还是亲手做饭。家里的超大会客厅,装修考究,夜夜宴宾,音乐家在这里高声献歌,妖娆舞女在这里展示身姿。

泰戈尔家族的府邸,依然在加尔各答市中心。现在这里建有一所博物馆、一所国家纪念馆以及一所大学,都是以泰戈尔之名命名的。府邸的旁边曾经建起一栋楼房,高大宏伟,德瓦尔伽纳塔在那里接待他来自欧洲的贵宾和印度的朋友。他还有两个非常有名的孙子也曾经在那里工作，一个是伽甘南德拉纳特；另一个是阿本宁德拉纳特，领导孟加拉文艺复兴运动。可惜这栋楼房已经不在了，原址盖了一座非常普通的楼宇，仍然是以泰戈尔的名字命名的机构。

德瓦尔伽纳塔为人非常慷慨大方，在当时的加尔各答，所有公共机构都接受过他的捐赠，任何公共事业都有他的慷慨解囊。加尔各答图书馆门前的雕塑，就是德瓦尔伽纳塔的雕像，乐善好施者必然得到世人的尊敬。

他资助过加尔各答医院，为鼓励学医者，他给很多学生提供助学金。为了提倡科学，他甚至亲自进入解剖室观看解剖，帮助更多的印度教徒冲破心理禁忌。

威廉·琼斯爵士是一位英国的东方学家，曾在印度当法官，创立了孟加拉亚洲学会。德瓦尔伽纳塔曾经做过他的助手，是学会中第一位印度人。孟加拉亚洲学会沟通了东西方，让西方了解了梵文在文学上的成就。很多印度机构的建立，都可归功于这个学会。

德瓦尔伽纳塔倡导并推动了印度慈善事业的发展，他是慷慨而大方的。在政治领域中，他也是先行者。对于社会的进步和改革，他也不遗余力。他支持印度的启蒙思想家罗易，其改革思想包括：主张一神教，排斥偶像崇拜，反对种姓制度、一夫多妻、寡妇殉葬及童婚等陋习。

德瓦尔伽纳塔的观点是激进的。在印度沦为英国殖民地之前，印度各地是处于分裂状态的，很多番邦小国并存，所以不得不承认，没有英国的"帮助"，印度是很难统一的。

德瓦尔伽纳塔是印度地主阶级的代表,他创立了土地所有者协会,也许不够出名,但是后来,这个机构改名为"英印协会",声名鹊起。这个协会在印度的影响力非常大,不单代表印度阶级的利益,更是多方势力的合力,代表了许多方面的利益。

在当时的印度,乘船出海是不被社会认可的,是一种叛逆。德瓦尔伽纳塔曾经于1842年和1844年两次远行英国。他得到了尊贵的维多利亚女王的赞赏,英国的贵族们也对他另眼相看。他在第二次的欧洲之行中,死于一场热病,这个杰出的人仅52岁就离世了,锋芒一生。他是现代印度的缔造者之一,功勋不可磨灭。

在沙漠之中,为了活下去,人们会努力寻找绿洲,而在绝望的黑暗里,执着、乐观的人会找到希望。泰戈尔的诗中曾写过:"我独自在横跨过田地的路上走着,夕阳像一个守财奴似的,正藏起它最后的金子。

"白昼更加深沉地没入黑暗之中,那已经收割了的孤寂的田地,默默地躺在那里。

天空里突然升起了一个男孩子的尖锐的歌声。他穿过看不见的黑暗,留下他的歌声的辙痕跨过黄昏的静谧。"

诗中描述了这样一幅画面,在夕阳中,孤独的行人不知该往哪里去,男孩儿的歌声告诉了他,这歌声打破了黄昏的寂静,穿越了无边的黑暗,引领他走下去。

雁过留声,德瓦尔伽纳塔没有伪装善良,他是真切地在帮助他人,在为印度寻找出路。他也没有故作高傲或者俯首称小,他的家族本是高高在上的婆罗门家族。如果没有被比尔阿利·汗陷害,那么家族还是荣耀一身的婆罗门世家；如果没有为了生活而从商，那么他就不会接受西方思想。

　　泰戈尔家族的特质就是一种融合，将印度教、伊斯兰教和基督教三种教派的新锐思想融合在一起。在德瓦尔伽纳塔身上，东西方文化在碰撞，他冲破一切规则甚至制定规则，他敢于采取一切手法而百无禁忌，这是泰戈尔家族的精神所在。多年之后，泰戈尔会将这种精神用在文学创作上，引领印度文学走上一个新的台阶，对世界文学的发展也有巨大影响。

生命是天赋的

> 我们的生命是天赋的,我们唯有献出生命,才能得到生命。
>
> ——泰戈尔《飞鸟集》

德瓦尔伽纳塔一共有三个儿子,大儿子名为代温德拉纳特,就是拉宾德拉纳特·泰戈尔的父亲。德瓦尔伽纳塔一生过着奢华的生活,而代温德拉纳特却过着简朴的生活,也许这像他的祖母。与他富贵身份极其不符的生活方式让他赢得了"大仙"的称号。

在精神上,他秉持的信念与罗易完全一致,他也完全继承、发扬并发展其思想和精神。

代温德拉纳特小时候,家里已经非常富裕,他在宠爱之中成长为一个任性青年也是必然的,在过了一段纨绔子弟的生活之后,他开始思考生活的意义，他看到祖母生活简朴，每天只吃自己做的饭菜，为家神编花环和唱赞歌，他的母亲也坚持苦行的生活，甚至比祖母更加偏执。就这样，一边是豪奢的日子，一边是戒律的生活，两种截然相反的生活方式，让他思考人生，思考宗教的意义。

印度教徒信奉的是什么？难道禁欲生活就是对的？还是这只是纯粹地表达对神的崇敬？这有意义吗？

生活中总是充满变数，代温德拉纳特的祖母病了，在最后的日子，她被抬到恒河岸边等候仙去，这是每一个印度教徒的临终愿望。3个日夜，他陪伴在最敬爱的祖母身旁，就在恒河畔的瓦房之中，也许死不是人生的目的，但是死却是人生的终点。陪伴祖母的时刻，让他更进一步思考生与死的意义。最后，他顿悟了，他感到自己成为了一个全新的人，荣华富贵于眼中成过眼云烟，他感到前所未有的清醒，他的全身都为此感到欢愉。那一年，他18岁。

回家后，他把所有财产拿出来，分给了亲朋好友，可惜抛弃物质的东西没有让他进一步领悟什么，也没有再添欢愉。他开始过简朴的生活，他每天勤于祈祷，想要获得更多精神上的欢乐。这段时期他看了很多西方关于哲学方面的书籍，也看了很多古印度的宗教宝典，他孜孜不倦地追求更高一级的精神享受。

他看到了周遭的印度教徒都在固守那些形式化的活动，盲从地崇拜心灵中的偶像，他感到心灵的焦躁与不安，却不知该何去何从。这时候，罗易让他在黑暗中找到了光明之路，在《奥义书》中，他清楚地明白了宗教的真谛，他也知道了自己要怎么走下去。

1839年，印度教徒在欢庆圣母节，代温德拉纳特宣布成立"通梵协会"，希望宣传真正的宗教。协会在不久后改名为"知梵协会"，信奉梵天，以《奥义书》中的印度教精神为本，让人民从过去的盲目迷信和不理智崇拜中解放出来。

罗易的"梵社"是1828年成立的，并没有太多人支持和参加，而代温德拉纳特却以无比坚定的信念加入进来。他把创立的"知梵协会"与"梵社"合并起来，组成新的"梵社"。这个小小的协会，日后掀起了轩然大波，动摇了因循守旧的印度教派，成为新印度教主义，破除迷信的同时发扬了印度文明和传统，让信奉者为信仰感到骄傲和自豪。这同时是民族主义的觉醒，人只有对往昔自豪并信仰，不忘记自己的来处，才知道自己要到哪里去。

拉宾德拉纳特就是在这一时期诞生并长大的，父亲的思想给他留下了巨大的影响。

不得不提的是，代温德拉纳特的所作所为和他的父亲德瓦尔伽纳塔是相悖的。一个擅长交际，沉迷俗世，过着极尽奢华的生活，一个只顾着为改革社会与道德思想而努力，过着极简的生活。他们是父子，思想上的不同却让他们产生隔阂。

德瓦尔伽纳塔突然病逝，家族的产业变得岌岌可危。四处疯传泰戈尔公司要倒闭了，谣言四起，来银行提款的人也越来越多。代温德拉纳特站出来了，把所有人召集到一起，承担一切。清算过后，这个大家庭经此一役一贫如洗，但是他却感到无比欢愉。他还清了所有债务，这个时候他28岁，他得到了社会各界的认同与尊敬，这也是为什么大家称他为"大仙"。

"大仙"喜欢到处旅行，每年都到喜马拉雅山，他喜欢白雪皑皑的山峰，登上人迹罕至的险峰，欣赏大自然的鬼斧神工。他善于观察人与自然。他的这种生活对儿子拉宾德拉纳特的影响太大了。

1856年，"大仙"又去了喜马拉雅山，他想要在山间度过余生，以此摆脱尘世的牵绊与心灵的魔影。他在山间清苦地生活着，宁静的大山听他一遍遍地诵读印度教的《薄伽梵歌》，他在孤寂中陷入冥想。

突然有一天，他像往常一样在山间行走，感受自然的灵彩。山间的泉水潺潺，让他停下了脚步，他轻捧泉水于掌心，泉水清澈、凉爽，顺喉而下，他感到一股甘甜沁入心扉。他开始思考水，亦是在思考命运。

水在山间的时候，是那么晶莹剔透、甘甜美好，而水顺势而下，流向广袤的原野大地，在洗涤万物的同时变得肮脏而腐臭。灵光乍现，他明白了一个道理：放弃那些所谓的自命清高，像泉水一样谦卑吧，把你心中的真理虔诚地传播出去，就像泉水一样，汩汩而出，润泽大地。

看破烦恼障，俗世心自在。无论身在何处，众生从未分离。"大仙"明白了，每个人的生命都是天所赋予的，就像那圣洁的山间清泉一般，流向大地是清泉的使命，是清泉的生命意义。既然老天让他有造福世界的能力，他就不该在深山埋没，虚掷光阴，只有投身世界，献出生命，像蜡烛一样燃烧自己，才能够让生命更有意义，也才是真正地得到生命。

"我们的生命是天赋的，我们唯有献出生命，才能得到生命。"泰戈尔的这首诗，说的就是生命的意义。

每个人生来就拥有生命，有些人碌碌无为、得过且过地度过一生；有些人自己没有方向，走别人为他铺就的道路；有些人干脆放弃选择生命的意义，慵懒地挥霍生命。他们都不明白生命的意义，所以他们的生命是没有价值的。在走向死亡的道路上，每个人的价值都要靠自己来实现和创造。

你想成为什么样的人，实现什么样的价值，都要燃烧你的生命，献出你的生命，只有这样，你才能得到你的生命，你的生命也才有意义。不必害怕艰难险阻，也不必害怕黑暗无助，就像泉水一般无所畏惧地流向大地一样，生命的意义就在于此。

第二章

小大人小中见大

每一个孩子出生时都带来信息

> 每一个孩子出生时都带来信息说：神对人并未灰心失望。
>
> ——泰戈尔《飞鸟集》

人类只要没有灭亡，就有新的婴儿诞生，这是神通过出生的婴儿带来的信息，这是神的启示，表明掌管一切的神对人没有灰心失望，所以身为当事者的人类，就更没有理由放弃希望。

要心有希望，也许这个希望对现在来说很渺茫，但是对于将来来说，就是因果。没有今天抱持着希望的不懈努力，就没有成为现实的美好明天。希望就是让一切活起来的酵素，孩子是生命的延续，是种族的希望，虽然这经常被人们漠视，人们总是忘记什么才是最重要的。

1861年5月7日，拉宾德拉纳特出生了。感谢他的"大仙"父亲，放弃了在山中苦修的日子，回到俗世。如果没有他的回归，这个世上就少了一个伟大的诗人。这个众神的宠儿来到了人间，这是一个值得庆祝并纪念的日子，但是他的到来并没有引起多大的注意。因为在泰戈尔出生前，"大仙"已经有12个子女了。

任何一个家庭，都不会对第十三个孩子有特别的关注，在这样的大家庭中更是如此。泰戈尔的家庭异常庞大，包括所有兄弟姐妹以及他们的亲戚。拉宾德拉纳特·泰戈尔的小名叫作拉宾，孩子很白皙健壮，不过和哥哥姐姐相比还差一点儿。拉宾的妈妈那时身体不好，于是由大姐苏达米尼照顾拉宾。苏达米尼给拉宾洗澡的时候，常常说："小黑拉宾，虽然没有别人白，但是以后必定比别人更加光彩。"不承想，一语成真。

泰戈尔的大家庭有点儿像我们曾经的人民公社，所有人都用一个公共大厨房，每个结婚的成员都有独立的屋子，不同的是，家里的仆役繁多。孩子更多时候是由仆人照顾的。"大仙"不是忙于事业，就是外出游历，或是静坐冥想，所以没有更多的时间照顾孩子，何况是那么多的孩子。

泰戈尔的母亲叫夏乐达·黛维，作为家庭女主人，她是一个特别优秀的人。一大家子的人以及各自的一大堆孩子，还有这个家庭把女婿也当成一样的家庭成员，复杂的大家庭在夏乐达·黛维的手中井井有条，足见她是一个多么有能力的人。她的孩子都是各个领域中的天才、强者，她成就了伟人，自己却没有留下太多印记。

对于一个女人来说，嫁给"大仙"这样的人，是风光无限的，但是嫁给这样一个丈夫，也必然是无奈的，在"大仙"的心中，爱情、妻子只是生活的一部分，他要考虑的太多，要实现的太多。夏乐达·黛维是个宽容的印度女儿，她从小曾是一个非常虔诚的教徒，固有其保守思想，但是在后来，她对人、对事、对待一切越来越包容。

她的大儿子名叫德维琼德拉纳特，他多才多艺，是诗人、哲学家、音乐家，在数学研究领域也颇有建树。在多个领域都那么优秀的人，同时也代表了他的不专一，如果他只专攻一个领域，一定也是一个天才。这个大哥哥在泰戈尔的成长中，起到了表率作用，在泰戈尔心中留下了深刻印记。他的不朽著作《梦游》，是一部经典的寓言长诗，每个领域的历史中都留下他的身影，他很早就推崇甘地为国家救星。

夏乐达·黛维的二儿子是萨特因德拉纳特，他是第一个英国统治堡垒中的印度官员，他还是一位梵文学家，曾翻译《薄伽梵歌》和《云使》，写过佛教著作。他在英国学习的时候，了解到妇女独立的新思想，这些思想对泰戈尔价值观体系的建立起到了很大作用，他还曾经带泰戈尔去英国学习法律。他们的父亲虽然在宗教信仰方面有超前的思维，但是在习俗上却依然保守。

萨特因德拉纳特的妻子美丽而聪慧，但是与大多数当地妇女一样的是，她几乎不识字，终日罩着面纱。他爱他的妻子，教她孟加拉语、英语，给她讲截然不同的英国妇女的那些美好品质。他们夫妻离开大宅，住在一栋独立的别墅里，女主人放弃旧式纱丽，设计出新式紧身衣，盛装打扮地主持高雅聚会。他们养育的一双儿女也都才华出众，女儿在孟加拉文坛也有一席之地。两个孩子的年岁都与泰戈尔相当，也都是泰戈尔一生的赞扬者。

夏乐达·黛维的三儿子名叫海明德拉纳特，40岁不到就离世了。泰戈尔在《回忆录》中提到，自己小时候非常崇敬这位兄长。他教育了泰戈尔，并且从泰戈尔的成就就可以看出，他的教育是非常成功的。他始终坚持作为印度人一定要用母语教育孩子，不能直接教英语，无论时局如何。

夏乐达·黛维的四儿子是巴楞德拉纳特，他是一位作家，虽然30岁就英年早逝，却留下美名，在孟加拉文坛上占有一席之地。

乔迪楞德拉纳特是夏乐达·黛维的第五子，这也是一位当世奇才，他是新时代的开拓者、诗人、音乐家、艺术家和剧作家，这一个个光环加身，足以说明他的优秀。他精力旺盛，有强烈的民族情感，他在几个领域中游刃有余，他甚至想在工业上结束英国的垄断，英国人占据的航海业，他也妄图涉足。他的事迹与才华对泰戈尔有一定影响，他的小兄弟一直很敬佩和感激这位哥哥。

夏乐达·黛维有两个女儿，一个是苏达米妮，作为长姐，她照顾了年幼的弟弟泰戈尔，也照顾了年迈的"大仙"；另一位是排行第五的斯瓦尔纳库玛利，这是一位才女，是有名的音乐家、作家，她的长篇小说为世人喜爱并流传久远。

夏乐达·黛维绝对不是一位普通的女性，她嫁给了"大仙"级的人物代温德拉纳特，她的子女在不同领域中闻名世界。虽然关于她的记载不多，但是从她养育的众多优秀的子女来看，她就必定有其过人之处，更何况她是拉宾德拉纳特·泰戈尔的母亲。

孩子有成堆的黄金与珠子

> 孩子有成堆的黄金与珠子,但他到这个世界上来,却像一个乞丐。他所以这样假装了来,并不是没有缘故。
>
> ——泰戈尔《孩童之道》

夏乐达·黛维养育了众多的子女,照顾好丈夫的日常起居,有条不紊地打理好庞大的家庭,她无疑是优秀的。但是,要掌管一大家子的大事小情,她没有太多时间照顾自己的小孩儿,这是再正常不过的了。

先出生的子女,必然能享受到更多的母爱,而泰戈尔受到的关注自然是不多的。因为缺少母亲的关爱,泰戈尔对母爱的渴求一直在心中。求而不得的强烈感情,让他在作品中细致地描绘母爱,似乎是通过写诗来平息自己对母爱的渴求。

泰戈尔写过一首散文诗《孩童之道》，收录在《新月集》中。这首《孩童之道》，展现了孩子的天真、活泼以及母亲的无私、伟大，全诗用五节描述了五个场景，爱在字里行间暗暗流转。

第一节中，他写出"只要孩子愿意，他此刻便可飞上天去"，他把孩子描写成是上天下海、无所不能的。而"他所以不离开我们，并不是没有缘故。他爱把他的头倚在妈妈的胸间，他即使是一刻不见她，也是不行的。"这两句表明孩子深深地爱他的妈妈，爱到甚至是一会儿不见她也不行。因为妈妈在哪儿，哪儿就是最快乐的地方。

第二节："孩子知道各式各样的聪明话，虽然世间的人很少懂得这些话的意义。他所以永不想说，并不是没有缘故。他要做的一件事，就是要学习从妈妈的嘴唇里说出来的话。那就是他所以看来这样天真的缘故。"在这段描述中，孩子是无所不知的，因为孩子的话是至真、至纯的，可却因为依恋母亲，而明知故问，母亲总是耐心地回答孩子的话，对孩子来说，人的嘴唇能发出的最甜美的声音，就是母亲的话语，那是世间最美丽动听的声音，母子之爱在交流中缓缓流动着。

第三节："孩子有成堆的黄金与珠子，但他到这个世界上来，却像一个乞丐。他所以这样假装了来，并不是没有缘故。"在这段诗文中，孩子是无所不有的。拥有成堆的黄金和珠子的孩子，为什么会想要祈求妈妈的爱的财富呢？"这个可爱的小小的裸着身体的乞丐，所以假装着完全无助的样子，便是想要祈求妈妈的爱的财富。"当然是因为妈妈的爱才是世间最为弥足珍贵的东西，母亲之爱让金银珠宝都黯淡无光，可见母爱之伟大，小小的孩子却知道什么是最重要的，孩子的情感真挚而强烈。

第四节："孩子在纤小的新月的世界里，是一切束缚都没有的。他所以放弃了他的自由，并不是没有缘故。他知道有无穷的快乐藏在妈妈的心的小小一隅里，被妈妈亲爱的手臂拥抱，其甜美远胜过自由。"孩子本在无拘无束的世界，可以他却甘愿被母亲束缚，这也是因为母爱。母亲的臂弯是由爱构成的，孩子睡在爱中，甜到心里。

第五节："孩子永不知道如何哭泣。他所住的是完全的乐土。他所以要流泪，并不是没有缘故。虽然他用了可爱的脸儿上的微笑，引逗得他妈妈的热切的心向着他，然而他的因为细故而发的小小哭声，却编成了怜与爱的双重约束的带子。"孩子住在乐土，本不知哭泣，也就是说孩子是无忧无虑的，是快乐的，那孩子为什么要流泪呢？原来孩子的哭声只是为了引起妈妈的爱怜。

在泰戈尔的诗中，孩童对母亲的爱是强烈的、狂热的，甚至是自私的，那种发自内心的赤子情怀，恰恰说明了他本身对母爱的渴望。但是在他的回忆录中，他却没有自艾自怜，而是以一种非常客观的态度看待自己的童年，他感恩于没有因为父母的溺爱而碌碌无为，也没有因为家庭的富裕而成为纨绔子弟。

泰戈尔家族是富甲一方的，但是子女的成长都保持着简朴的方式。孩子的饭菜不是珍馐佳肴，和普通家庭的孩子吃的一样，衣服都是很差的，10岁之前都没有穿过鞋袜。抱持着一种"以后长大就能……"的美好信念，泰戈尔懵懂地度过了他的孩童时期。

母亲没有时间照顾小孩子，泰戈尔便由仆人看护，他自己戏称这是一段"仆人统治"的时期。小孩子都是好动的，曾经一个仆人为了偷懒，就用粉笔在地上画了一个圆圈，并且对泰戈尔说不能离开这个魔力圆圈，否则就会有灾难降临。泰戈尔听过《罗摩衍那》中的一段故事，是说罗什曼那画了一个圈，悉多离开之后就遭受大难，所以泰戈尔听了仆人的话就信以为真，害怕大难临头，老老实实地坐在那个圈子里一动不动，只从窗口看着外面的世界。

　　那时从他的窗口可以看到一个广场，广场中间是一个水池，不远处有一棵巨大的榕树，另一边是一片椰树林。水池中常常有人斋戒沐浴，有的口中念诵经文缓缓入水，有的纵身一跃跳入水中。中午的时候，会有鸭子去水中嬉戏，而那巨大的榕树，在微风中舒展着身姿，在阳光下玩着光与影的游戏。一切的一切在泰戈尔眼中都是那么生动，他安静地坐着看着这个世界，思想却奔驰在外。

　　画地为牢，可以关住人的身体，却关不住人的心。身如石马，心如猿猴，他无时无刻不在感受着大千世界。

　　这种对万事万物的好奇心，让泰戈尔在非常平凡的生活中汲取快乐，成为他宝贵的精神财富。成年后，他回忆这段时光，曾经写到那棵榕树："喂，你站在池边的蓬头的榕树，你可曾忘记了那小小的孩子，就像那在你的枝上筑巢又离开了你的鸟儿似的孩子？"

那群花朵是在地下的学校里上学

> 妈妈,我真的觉得那群花朵是在地下的学校里上学。他们关了门做功课,如果他们想在散学以前出来游戏,他们的老师是要罚他们站壁角的。
>
> ——泰戈尔《花的学校》

泰戈尔上学比同龄的孩子都早,这是有一个典故的。为了教孩子读写,家里聘请了一位老师,专门到家里教他。但是突然有一天早上,他看到兄长和大姐家的孩子一起坐车去上学,他不高兴自己被剩在家里,于是吵嚷着也想去。家庭老师怎么也哄不好,就打了他一巴掌:"今天你闹着要去上学,明天你会为不想上学而更伤心地哭。"不承想,一语中的。泰戈尔在上学后不久就明白了,那位老师说得真是太准确了。

他进入东方学校读书，在那里，老师总是想把知识强塞进孩子的脑袋中，于是想出五花八门的惩罚措施，他对此印象深刻。回到家，他还模仿着老师的样子，把手边的玩具当作自己的学生，训斥打骂。后来他想起那段经历时曾说过，与内容相比，风格的掌握更容易，他还庆幸小时候的自己不是那么有力量的人，伤害不到有生命的人。他后来的诗也体现出他对学校的看法。

品读那首《花的学校》，"当雷云在天上轰响，六月的阵雨落下的时候，润湿的东风走过荒野，在竹林中吹着口笛。于是一群一群的花从无人知道的地方突然跑出来，在绿草上狂欢地跳着舞。"那一群群的花，就是无忧无虑的小孩子，他们在狂欢地跳着舞，这是诗人内心对小孩子应过的生活的构想。

"妈妈，我真的觉得那群花朵是在地下的学校里上学。他们关了门做功课，如果他们想在散学以前出来游戏，他们的老师是要罚他们站壁角的。"诗人不喜欢在"地下的学校"学习，那是一段黑暗历程，因为会被束缚，没有自由，还会因为各种原因被老师惩罚，诗人还是在用孩童的眼光去看这个世界。

"雨一来，他们便放假了。树枝在林中互相碰触着，绿叶在狂风里萧萧地响着，雷云拍着大手，花孩子们便在那时候穿了紫的、黄的、白的衣裳，冲了出来。"对于花儿来说，雨水才是最好的养料，花孩子们挣脱束缚，冲出来接受雨水的滋养，自由地成长着，狂风在为之欢喜，雷云也拍手叫好，天地都为之鼓舞，兴奋、愉悦之情溢于言表。

"你可知道，妈妈，他们的家是在天上，在星星所住的地方。你没有看见他们怎样地急着要到那儿去吗？你不知道他们为什么那样急急忙忙吗？我自然能够猜得出他们是对谁扬起双臂来：他们也有他们的妈妈，就像我有我自己的妈妈一样。"

诗中写出花儿的家是在天上，"天上的家"与"地下的学校"是相对的，天上自然是幸福、快乐而又遥远的，有妈妈在的天堂一般的地方，永远值得向往。不管长大后的泰戈尔怎么想，儿时的他还是只能按部就班地上学，去"地下的学校"念书。

7岁的时候，他被送到师范学校念书，这里的老师总是满口脏话，可怜的泰戈尔的耳朵每天都要受到荼毒。8岁的时候，泰戈尔写出了人生的第一首诗，这首诗是泰戈尔在堂兄弟乔迪楞德拉纳特的鼓励下，按照当时孟加拉非常流行的"帕亚尔"韵律写出。虽然这件事情的发生好像是一个玩笑，诗文也不知所云，但是却开启了泰戈尔的写诗生涯。

他找到了一个藏蓝色的笔记本，时常在上面涂涂写写，他的小伙伴们也会高兴地夸他会写诗。有一次，他朗诵了一首自己写的诗，诗中描写了采荷花的人，大意是：当一个人想要采集荷花的时候，他就走入水中，人在水中搅得水波荡漾，水流反而把荷花推向更远的地方。

这首诗歌获得了好多长辈的褒奖，可惜的是那个藏蓝色的笔记本后来丢了。后人没有办法从他童年时期的创作中进行研究探讨了。

作为一个孩子，他的功课太多了。每天天刚亮，他就被叫醒，先是进行晨起操练，然后医学院的学生就来给他上课，他要记下人体每块骨头都叫什么。7点钟，数学老师来了，算数、几何让他绞尽脑汁地求解。有时候还安排实验课，他要亲手做实验。孟加拉语和梵语的课程他比较喜欢。就在各种课程轮番上阵后，9点半，仆人终于送来了食物，通常都是豆饭和鱼汤。10点钟，他就被送去学校上学了，学校还有各种课程在等待着灌输给他。下午4点半他回到家，体操老师已经在等着给他上课了。一个小时的训练后，绘画老师准时出现了。太阳落山，在他吃过点心之后，英语老师来了，在汽油灯的昏黄灯光下学习英文实在是让人昏昏欲睡。

就这样，各种课程排满了泰戈尔的童年，他还是最喜欢写诗，那个藏蓝色的笔记本上，填满了他的诗歌。他写诗的事情渐渐传到了师范学校老师的耳中，老师想考考他，就给他出了一个题目，让他以一句道德箴言为主题写一首诗。小小少年不负所望，写成一首诗。第二天，老师让他在全班同学面前朗读出来，小小少年的这首诗没有在道德方面取得什么激励人心的效果，倒是在班上引得众同学的猜疑和嫉妒，还有人煞有介事地说他是抄袭的。

诗人在多年后回忆说，这是寒冷的冬天过去后开出的第一朵花，开放就为了枯萎后留存在记忆里。

藏蓝色的笔记本不在了，那些深刻的东西，已经镌刻在脑海深处。

因为我是一个小孩子

> 我人很小，因为我是一个小孩子。到了我像爸爸一样年纪时，便要变大了。
>
> ——泰戈尔《小大人》

泰戈尔写诗的事情不胫而走，同伴、老师、邻居都陆续知道了，当然，她的母亲也知道了。

有一天，泰戈尔的母亲让他给父亲写信，当时父亲正在喜马拉雅山一带旅行。市面上突然流传出一些消息，说沙皇要从喜马拉雅山的另一端打过来了，也许这是在印度的英国政府制造的言论，总之，流言四起，泰戈尔的母亲担心丈夫的安全，就让泰戈尔写信给父亲，催他回家。因为这是小泰戈尔第一次写信，父亲收到后一定会很开心。果然，"大仙"收到信后很开心，立刻回信，并且准备回家了。

1872年冬天,"大仙"回到了家中,泰戈尔已经11岁了。"大仙"立刻安排泰戈尔和两个同龄的孩子举行圣线佩戴仪式,这是印度教的独特习俗,孩子长大的时候要举行圣线佩戴仪式,意味着孩子长大了,要承担起相应的责任。虽然"大仙"本身是反对宗教中的顽固保守思想的,但是对于一些好的思想还是倡导并传承的。圣线仪式作为一项积极、正面、有民族特色的宗教活动,就是"大仙"赞同并维护的。

三个孩子被剃掉头发,戴上耀眼的金耳环,关进了三楼的一个空房间。在未来的三天里,他们什么都不做,只是去全面感知这个世界。也许宗教本身就是有其相似性的,例如闭关、辟谷、冥想,这些都是心的修炼。三个孩子未必能体会多深,但是起码这是一种开始。他们要背诵咒语,翻译过来是"让我们一起承接,光明之神的万丈光芒,愿能激起我们的智慧"。这句咒语出自《吠陀》,这在泰戈尔心中留下了深刻印象。

当时的泰戈尔还不能体会咒语的意境,但是却在整个仪式中感到慑服,也许心灵能在仪式中净化和成长。日后,这句咒语与他一生相伴,他在这句神秘的咒语中获取了力量。

这个时期,泰戈尔就读于"孟加拉学院",仪式结束后,父亲问他愿不愿意去喜马拉雅山,他高兴得无法形容,不用上学还能和父亲一起出去玩,他开心得要跳起来了。于是,父子俩高兴地整装待发,几天的准备后,小小少年随父起程了,这是泰戈尔人生中第一次和父亲一起旅行。

他们的第一站是桑蒂尼盖登，那里有如今在国际上享有声望的学府，但是在当时却是乏人问津的寂寥之地。泰戈尔一定想不到有一天那个地方会因他而扬名四海，这座高级学府的发展轨迹几乎与泰戈尔的成长历史是并行的。

这里本是父亲心血来潮买下的一块地，他叫人修建了一个小庄园，有住宅和一个花园，取名桑蒂尼盖登，寓意为"和平的宅院"。父子俩在这里度过了一些日子，随后就朝着喜马拉雅山进发了。

到山脚下的时候，已经是四月了。进山后，他们经过几次修整，一路向着海拔7000英尺的德尔豪杰前进，步行、骑马、坐轿，泰戈尔在山路上见识了古树参天，也看到了春花烂漫，远方的雪山，在阳光下熠熠生辉，目不暇接的美景让他惊奇。11岁的少年，就这样怀着一颗好奇的心，走入神山。终于，他们到达山顶小屋，在这里泰戈尔可以随意走动了，他欢快地拿着棍子在山间漫游。

山中的岁月是泰戈尔终身难忘的珍贵记忆。"大仙"严于律己，每天很早起床，有一次，泰戈尔在睡眼朦胧之中，看到父亲起床，然后打坐、入定，那时天还没有亮。"大仙"每天在拂晓叫醒儿子，两个人一起背诵梵文颂词，随后他们会喝杯牛奶，然后就是"大仙"吟唱《奥义书》经文的时候了，泰戈尔静静地听父亲在口中唱诵那亘古不变的经文，日后那优美的歌声总是在他记忆中辗转。

当太阳升起的时候，父亲会带他到户外散步，回去后父亲会教他英文，然后他们到泉水中沐浴，沁人心脾的泉水晶莹剔透，却是冰冷得很。下午父子俩会促膝而坐，有时候是儿子给父亲唱一段颂神之曲，也有时候是父亲给儿子讲天文知识。

泰戈尔在父亲那里学到的东西很多，最重要的就是学会了严守戒律地生活。日后，不管刮风下雨，他总是在天还没亮就打坐、入定，也总是在冷水中沐浴，他感谢父亲教给他的这些让他终身受益的习惯。

离开"地下的学校"和"仆人管制"，他和父亲一起度过了4个月，这是他童年生活中最幸福的时光，也是对他影响最深的教育期。当他再次回到加尔各答的时候，他不再是一个小孩子了，他在和父亲的旅行和言传身教中，逐渐成长起来。

小孩子总是想要长大，想要让大家把他当个大人。而大人呢，长大后就多了许多烦恼，反而总是怀念小时候，不想长大。

多年之后，泰戈尔回忆童年的时候，写了一首《小大人》，这首诗收录在《新月集》中。诗中写道："我人很小，因为我是一个小孩子。到了我像爸爸一样年纪时，便要变大了。"这首诗既表达出小孩子想要长大的愿望，也表现出对父亲的崇拜。

诗中的"小大人"，决定不读书，决定自己去市场，决定自己花钱，决定自己买衣服等等，原因就是"他是大人了"。这些读着特别"了不起"的愿望，让人忍俊不禁，但是这些也正是每个人都经历过的事情啊！每个成年人，都曾经有过一些"了不起"的愿望，留在了远去的童年。

第三章 年少轻狂时

那么可笑地不懂得事

> 妈妈，你的孩子真傻！她是那么可笑地不懂得事！她不知道路灯和星星的分别。
>
> ——泰戈尔《长者》

小泰戈尔从喜马拉雅山回来了，他觉得自己就像是一个征服世界凯旋的英雄一样。在那个年代，没有现代化交通工具的帮助，喜马拉雅山只有很少一部分人才能登上去，对世人来说，那里是仙境一般的地方。小泰戈尔和父亲一起登上山，还在山中静修，这无疑让他立刻身价倍增，让大家另眼相看。他的母亲总是和朋友说这个小儿子是多么聪明、勇敢。

年少无知的时候，谁人没做过荒唐和幼稚的事？小泰戈尔也不例外。"妈妈，你的孩子真傻！她是那么可笑地不懂得事！她不知道路灯和星星的分别。"这是许多年后,泰戈尔写的一首《长者》,收录在《新月集》中。

不管日后的泰戈尔多么睿智,当时的小泰戈尔,还是不够成熟的。大家不喜欢的调皮捣蛋鬼,如今成了登山小英雄,大家都希望听他讲述旅行的见闻,而这位小主人公,也在一次次的讲述中,越来越添油加醋。

母亲组织了女性聚会,小泰戈尔把他路上的见闻娓娓道来,把他曾经写过的诗当众朗诵。他就像一只骄傲的小孔雀一样,用梵语读《罗摩衍那》,而当时的妇女都只看孟加拉译本的,对于懂得只有婆罗门学者才懂得的梵语的人自然是另眼相看。他读了几首从父亲那里学到的颂诗,然后又翻译成孟加拉语给她们听,对于有些记得不牢靠的生僻词语,他也都按照自己的理解去解说,这就不能保证完全准确了。

他暗自庆幸,在座的人都不懂梵文,没有一个能够听出什么错处。母亲特别高兴,对他大加赞赏,竟然说要让大儿子德维琼德拉纳特也来听听,那可是货真价实的学者、哲学家,哪里是当时的小泰戈尔能比的?他顿时紧张起来。幸好,大哥应该是比较忙,只是随意听了几句,就夸赞了一句"很好",便离开了。这下,小泰戈尔在这些妇女眼中的地位更高了。

不管在母亲那里的地位如何提升,小泰戈尔还是要继续他的学业的,他要继续到孟加拉学院读书,同时还有两位家庭教师辅导他的孟加拉语和梵语,这个时期他学习了英国莎士比亚的戏剧,家庭老师教了他《麦克白》的一部分,之后,小泰戈尔一鼓作气地把全剧都翻译成了孟加拉语。

伟大的莎士比亚如果知道了，一定会感到非常开心的，遗憾的是，翻译的手稿已经找不到了，只有第一部分保留了下来，1880年的时候发表在《曙光》杂志上。梵语老师也不再纠结于非要教他语法了，转而教他印度古诗剧《沙恭达罗》。

学校的日子，是非常煎熬的，老师们每天安排大量的功课，强制性的教育方法让人窒息，更糟糕的是英国人和印度人混杂的学习环境，很多学生的素质非常低，粗俗的谩骂充斥耳间。

小泰戈尔无时无刻不在忍受，就是在这种让人沮丧的日子里，他写出了第一首长诗，诗中寄托着自己的心愿，题目也就叫作"心愿"。1874年，这首诗就发表在《哲学教育杂志》上面，旁边标注这是一个13岁少年的作品，并没有直接署名，这是有关少年诗人写的诗的最早记载。

不久，家里给他转学到圣泽维尔中学，老师仍是枯燥地讲课，机械地灌输知识，和之前的学校没什么不一样的，但是这所学校的神父给他留下了美好的记忆。

神父名叫代·佩奈兰达，是西班牙人，他会在小泰戈尔不舒服的时候关心他："泰戈尔怎么了？身体不舒服吗？"这种温暖的问候与当时的学校文化的冷漠简直格格不入，让泰戈尔异常感动。多年后他曾说："我在他的个性里，看到了一颗伟大的心。一想起他，我就仿佛进入神庙的专注宁静中。"

1875年，泰戈尔在坚决抵抗下，终于离开了学校的牢笼，他顶住家庭巨大的压力，不再接受黑暗的学校教育。家人不管他了，连从小照顾他的大姐也对他伤心失望。

虽然他离开学校,但是他并没有对自己松懈,他想通过自己的方式学习进步。幸好,他的家庭非常有助于他的成长,这里汇集了众多的诗人、学者、音乐家、艺术家、哲学家还有社会改革家,优秀的人与优秀的人为伍,他们又吸引了各式各样的社会名流来家中聚会,整个家庭氛围是非常有文化底蕴的,而当时的社会也随着社会的安定,人们越来越喜欢新书、诗词、小说和外国文学。

泰戈尔就是在这种环境中突飞猛进的,只要一有新书入手,他就迫不及待地读。长辈、兄弟聚会谈天的时候,他也在旁边津津有味地听。

安定的生活中,知识分子越来越多,这一阶层的崛起必然会弘扬本国的民族精神,1867年,泰戈尔家族举行了"印度教徒集会",这是每年一度的文化集会。

1875年2月的集会上,少年泰戈尔朗读了一首自己创作的爱国诗歌,这首诗随后刊登于孟加拉的英文周报《甘露市场报》上,对于第一次在集会上崭露头角,第一次在报纸上见到自己的署名的作品,他感到无比的欢欣和巨大的鼓舞,随后他又在另一次文豪集会上朗诵了自己的另一首诗歌《自然的游戏》,再次获得好评。

1875年3月8日,夏乐达·黛维去世了。14岁的少年泰戈尔第一次目睹死亡,整个家族,因为这位优秀的女主人离世而陷入沉重的哀痛之中。少年泰戈尔还不懂得死亡意味着什么,茫然无知的少年还不知道他永远失去了母亲。他看到母亲躺在外院的一张床上面,仿佛睡着了一般,直到去火葬场的时候,他才意识到母亲永远不会回来了，巨大的悲哀笼罩在内心。他看到父亲坐在三楼的前廊，静静地打坐入定，父亲面容沉静，这幅画面给了他很大力量。多年后每当他经历沉重悲痛的时候，他总是会想起这幅画面，这幅画面能给他安宁的力量。

爱就是充实了的生命

爱就是充实了的生命，正如盛满了酒的酒杯。

——泰戈尔《飞鸟集》

泰戈尔回忆起少年时光，非常感激他的哥哥和嫂子，哥哥就像是朋友和导师，而嫂子则像女友、女神，填补了他失去母爱的空缺。哥哥、嫂子对他的爱，就像是灯塔一样，在那段少年时期引领他坚定地向光明走去。

"爱就是充实了的生命，正如盛满了酒的酒杯。"亲情、友情、爱情，都是爱的一种。没有爱的生命就如同一个空酒杯，没有任何味道。人只有被用心爱过，才知道如何去爱人，一个爱的乞丐怎么能去爱人呢？只有心中有满满的爱，才能懂得爱，继而爱别人，爱这个世界的一切。

泰戈尔的诗，之所以能够感动全世界，正是因为他在字里行间传达出对这个世界的爱。爱，在全世界通行，无论你是什么国籍，无论你是什么肤色，无论你说何种语言，只要用心品读泰戈尔的诗，必能被其感动。

乔迪楞德拉纳特是他的五哥，五嫂名叫迦登帕莉·黛维，得到他们的照顾，让泰戈尔庆幸并终身感激。五嫂刚刚嫁过来的时候，小泰戈尔感觉很高兴，因为这个小嫂子和他年龄相仿，还处于玩洋娃娃的年纪。小嫂子擅长烹饪，有时候会叫小叔子来一起品尝，熟悉后还经常支使小泰戈尔帮她做家务。

小泰戈尔常常把新写的诗念给嫂子听，她有时会夸奖他，也有时会笑着说："别人比你写得好。"激励他继续写。如果他得意忘形了，她就会说："祈求那种平庸诗人的荣誉的人，最后，终将成为嘲笑之箭的牺牲品。"这是一句梵文短诗。泰戈尔总是听从嫂子的教导，也希望听到嫂子的赞扬。嫂子是一个文学和音乐爱好者，理解力很强。她向泰戈尔推荐诗人哈里拉尔·恰格尔沃尔迪，他的诗给泰戈尔日后的创作带来了一定影响。

嫂子迦登帕莉·黛维鼓励了泰戈尔对于文学的坚定信心，而哥哥乔迪楞德拉纳特则为他的未来铺平道路。

当乔迪楞德拉纳特弹琴作曲的时候，他让弟弟在旁边聆听，鼓励弟弟为那些曲调写诗填词。他创作出剧本，也念给弟弟听，让弟弟多思考提出意见，也会按照弟弟说的去调整剧本，提高弟弟的信心。在这些剧作演出的时候，他会让泰戈尔亲自参加演出，在文学上，他像对待成人一样和泰戈尔讨论创作问题，不在乎年龄的差异,泰戈尔进步得更快了,就在这种积极的学习状态下,桎梏被打破了,泰戈尔从学校教育的泥潭中彻底逃出来了。

乔迪楞德拉纳特要去孟加拉东北部的庄园旅行,他带上了泰戈尔,这次旅行对泰戈尔来说也是一次非常珍贵的旅程。哥哥教他骑马,带着他在丛林中打猎,他们一起捕捉凶猛的老虎。勇气、智慧、信心都在一天一天地提升,他一直感激自己的哥哥,因为哥哥让他更有勇气面对未来。

泰戈尔14岁的时候,在名为"知识幼苗"的文学类杂志上发表了他的第一部叙事长诗,诗名"野花",一共有8个篇章共计1600行。诗中描写了一个女孩儿卡姆拉,父亲在喜马拉雅山的一个山间宅子中住着,抚养女孩儿长大。女孩儿像是山间的精灵一样,花草为伴,鸟兽为友,除了父亲没有见过任何外人。父亲去世后,她就一个人生活,这时候有一个青年从山间经过,他看到了美丽的女孩儿,娶了她并带回家中。但是山间的精灵怎么能适合俗世的生活呢?她不适应山下的社会习俗,渴望回山里,后来她又迷上了丈夫的好朋友,并且吐露心声,她的丈夫知道后,怀疑两个人已经有了奸情,就把那个好朋友杀死了,来自山间的女孩儿伤心地回到山里,她希望恢复在山中的宁静生活,但她已经不能静下心地生活在山中了,识得情爱滋味的女人怎么能忍受孤独呢?最后她跳入湍急的河中消失了。

还是在这本《知识幼苗》杂志上,泰戈尔又发表他的第一篇散文作品,他针对当时出版的一部诗集写了一篇评论文章。那部诗集没有署名,但是有很多人喜欢看,于是众说纷纭,好多人说是一位女作家写的，而泰戈尔却不这样认为，他觉得诗歌中没有女性的思维，也没有流露出女性的美德。为此，文学界掀起一阵风波，还有人说有一位文学学士要发文否定他，着实让他惶恐了，因为文学学士是那个年代学者的最高目标，而泰戈尔中学都没有念完，后来也没有所谓的文学学士跳出来和他论战，也有事实证明他说的是对的，那部诗集的确是出自一位男作者，这个风波才不了了之。

他的兴趣越来越广，参加了一个名叫"生气勃勃协会"的社团，这个社团是由兄长乔迪楞德拉纳特牵头组建的，一起打理社团的还有拉吉纳拉衍扬·鲍斯，社团的目的在于寻求印度的政治解放。社团不被当局许可，经常是隐蔽集会。乔迪楞德拉纳特是一个理想主义的爱国者，他挑战命运，即便没有做出更多积极的成果，但是却让他的弟弟收获良多，泰戈尔在以后的人生中一直思考如何让国家独立这个问题，并且为之努力。

甜蜜的笛声抖动着浓密的花丛

> 甜蜜的笛声抖动着浓密的花丛，抛开畏惧和羞涩，亲爱的来吧。
>
> ——泰戈尔

1877年1月1日，拉尔德·利登作为印度的新任总督在德里召开御前会议，大摆莫卧儿帝国排场，极尽奢华，意图维护维多利亚女王。

命运何以如此不公，有人在豪门中奢侈无道、夜夜笙歌，有人在大街上饥饿难耐、骨瘦如柴。白色恐怖笼罩着印度，泰戈尔为此而愤慨，写了一首诗讽刺当局，就在那一年的"印度教徒集会"上，翩翩少年用响亮的嗓音把诗文朗读出来，创作让他的生命发出熠熠光辉。

就在这段时间，泰戈尔的哥哥乔迪楞德拉纳特创办了《婆罗蒂》月刊，请他们的大哥德维琼德拉纳特，同时也是著名的哲学诗人当杂志的主编。这个杂志的创办，为本土文学的发展开辟了道路，近水楼台，泰戈尔也有了一个更好的展示才华的舞台。

创作的阀门已开，谁也不能阻断流水的前进，《女乞丐》《怜悯》《罗德尔琼德》《诗人的故事》等等，一篇篇小说、剧作、诗歌从他的笔端倾泻而出，虽然泰戈尔后来在出作品集的时候，摒弃了这一时期的大部分作品，但是不可否认，这最初的一腔热血，埋头奋进，让他写出大量的习作，没有这些笔耕不辍的日子，就没有以后的文坛巨匠。

任何一位大师，在创作的道路上，都经历过模仿的学习阶段，真正的创作本身就不是凭空捏造，而是通过生活中的观察提炼，在一些东西的基础之上去推陈出新，重新审视事物，从而在真正理解事物本质的基础上，去写出新的作品。

《诗人的故事》中，描写了一个诗人，无忧的童年，长大的烦恼，恋爱的姑娘，还有他对世界的困惑，这些是故事中诗人的精神探索，也可能是他自己的。从诗中就可以看出他对英国浪漫主义诗人学习和模仿的痕迹，特别是雪莱和济慈两位诗人。

泰戈尔在这一时期的另一部作品《帕努辛赫诗选》的写作角度与《诗人的故事》完全不同，从作品中可以看出他受到三种思想的影响，分别是中世纪毗湿奴虔诚诗歌、梵文古典文学和西方文化，这三种思想就像是三条河流在一处汇流，合力打造了一条全新的大河。

《帕努辛赫诗选》在抒发感情和赞美感情方面是无出其右的，在这部著作中可以看到爱的一切形式，从物质到精神，从奢华到简朴，从神秘到大众，交织成一部既受普通大众喜爱，又蕴含宗教哲理的独一无二的作品。

泰戈尔16岁的时候，研究中世纪诗人的词语，曾经仿效着写了一首抒情诗："甜蜜的笛声抖动着浓密的花丛，抛开畏惧和羞涩，亲爱的来吧。"他写完之后非常开心，在诗的后面写上了自己的化名"帕努辛赫"，后来见朋友的时候，他就把这首诗读给朋友听，并且说这是一位15世纪的诗人"帕努辛赫"所作，朋友在诗中受到巨大感染，对泰戈尔编撰的中世纪作者也深信不疑。

随后，这首诗在自己家的杂志《婆罗蒂》上面刊登了，并且注释在梵社图书馆中有这位所谓的15世纪诗人的手稿。随着杂志的发行，这个玩笑真的开得有点大，使无数读者蒙受欺骗，甚至还误导了很多人。其实如果有人仔细推敲查证，就一定会发现破绽，毕竟这诗并没有古印度旋律的极致优美，还是留有现代文学的特点。这个世界人云亦云、不求甚解的人太多了。虽然泰戈尔的文学功底日益成熟，但是心性还是像个小孩子，他为这个文学玩笑的成功而窃喜、自豪，虽然他不能因这首诗而获得任何荣誉。

年少轻狂的泰戈尔开了一个文学玩笑，他这一时期所写的抒情诗在日后都被收入到他的作品选集中，他还亲自为其中的一些诗歌作曲，那些歌曲广泛流传，传唱至今。

小小少年在文学道路上努力着，但是在当时却并没有太大的名气，而且文学创作在当时的年代，并不被认为是可以谋生的职业，只是锦上添花的东西，所以回到现实中，他的"大仙"父亲和长辈们对他还是很犯愁的。

家里人都担忧他的前途，他的二哥萨特因德拉纳特向父亲建议，带泰戈尔去英国，这样可以像他一样成为官员，或者是律师，为泰戈尔创造一个成才的机会。律师在那个年代的社会地位非常高，备受推崇。"大仙"同意了，就这样，泰戈尔的下一步发展方向被家长们集体圈定。

二哥觉得有必要让泰戈尔先学习和了解一些英国礼仪、风俗习惯方面的东西，于是就让泰戈尔来他的官邸一同住一段时间。那是一栋17世纪的宫殿，由建造泰姬陵的国王沙贾汗修建而成。华丽的宫殿虽好，但是突然从大家庭的喧闹中离开，还是让泰戈尔感到孤独和寂寞。

孤独是世界上所有伟大的人都要面对并战胜的，只有懂得并享受与孤独为伴，才能完成自我的升华。泰戈尔在这里有了更多的思考时间，他感受到了生活是比文学还广大的，因此一定要面向世界，真正走入人群融入生活。这想法日后时常在他脑中浮现，是让他一生受益的信念。只有对简朴的生活抱持着热爱，才能品出其中真味，只有为平凡的生活注入激情和意义，才能在时间的丰碑上刻下辉煌的名字。

绣上瑰丽的花边

> 她走时，已在我们枯燥的经纬线上，绣上瑰丽的花边，使我们的日夜充满幸福。
>
> ——泰戈尔

泰戈尔在二哥家的这段日子，最喜欢二哥的书房，那里有大量的书籍，从古老的梵文书到最新的英文书，他就在这里静心读书。

这一时期他阅读并翻译了大量欧洲诗人的作品。研读但丁的作品时，他想要通过英语去了解但丁，这非常难，因为但丁是意大利诗人。而读德国诗人海涅的作品的时候，他跟随一位德国女传教士学习了一段时间，受益匪浅。还有德国作家歌德的作品，他也专门研究了一段日子。

就这样，他一边读书，一边写作。这期间他写了很多文章。后来，因为他诗人的名声太响了，反而让人忽略了他写的其他文体的好文章，他的文章更多的是表现他对周遭的看法。

"我们的仙人常说，害羞是女人的最大装饰，但如今的女人佩戴如此多的首饰，害羞就没有余地了。"这表明他对物质世界的不满，过多的物质欲望会让人迷失了本心，他追求精神的愉悦。

"一些人说，女人犹如虚无。当她被放在男人右边时，她会给他十个男人的力量。但是那个可怜人把她放在错误的方向，她就会把他碾成粉末。"

在印度，妇女的地位是非常低下的，古印度教中甚至认为女人都是"恶业的结果"。泰戈尔却有着独特的观点，他笔下的女性大都貌美善良，他有时候还把女性提高到"女神"的地位。在泰戈尔的眼中，女性就是一首完美和谐的诗，只要不把她放在错误的方向、错误的位置，那么她就能让家庭和睦，世界和谐。

"友谊和爱情之间的区别就在于：友谊意味着两个人和世界，然而爱情意味着两个人就是世界。在友谊中一加一等于二；在爱情中一加一还是一。"的确，爱情会蒙住人的双眼，只要陷入爱的世界中，两个人就像身处九天之上的无人地带，只看到彼此，只听到彼此。

泰戈尔理智地剖析着友情和爱情的不同之处，却不知道自己很快就要陷入爱情。

他在二哥萨特因德拉纳特家只住了4个月，在这期间他思想的发展又上升了一个阶段。他自己作词填曲，沉醉在这种创作带来的欢愉中，这种创作形式一直持续到他生命的最后。他一共创作了2000

多首歌曲。时至今日，印度还有很多人在传唱这些歌曲。如果说诗歌需要很高的鉴赏能力，那么歌曲是不需要的，所以很多平民百姓喜欢他的歌曲，并传唱至今。

二哥为了让泰戈尔能够尽快掌握英语口语，打算找一个有英语口语环境的家庭让他借住一段时间，于是把他送到孟买的一位好朋友家，那位朋友就是阿特玛拉姆·彭德楞格·特尔克结，是一位优秀的物理学家，同时也是一位社会改革家。

泰戈尔受到了欢迎，照顾他的重任落到了这个家中的一位英国来的年轻女性爱娜的身上。爱娜是一个非常漂亮的英国女子，年龄比泰戈尔大一点儿，很有文化素养。她成了他的女老师，年轻的男女彼此吸引着，很快，他们陷入了朦胧的爱情中。

爱娜让泰戈尔给她起一个名字，他取了纳莉妮这个名字，这是他写的作品《诗人的故事》中的一个女性的名字，他还把这首诗翻译成英语朗读给她听，后来诗的单行本出版后他还特意让哥哥帮忙寄一本给她。

爱娜喜欢听泰戈尔读诗，听到泰戈尔用非常有感情的声音读诗，她就会说："我的诗人，如果我要死去的时候，听了你的诗，我一定会起死回生的。"不管爱娜对诗的了解有多深，起码她是非常善于赞扬人的，即便只是为了让爱人高兴。对于沉浸在初恋的喜悦中的泰戈尔来说，美人一笑和美人的赞赏都是非常受用的。爱情就是这样的，每个人都喜欢被爱、被理解和被欣赏。

爱娜曾经结过婚，后来分开了，生活经历丰富的她非常有女性魅力，也懂得男人的心。有时候她会逗逗他，看他生气的样子，再转身过来哄他。还有时候她会天真地从他后边悄悄出现，轻轻蒙住他的眼睛，让他猜一猜是谁。

人人都向往爱情。爱娜喜欢少年天才诗人，而诗人喜欢成熟优雅女子。他们的相识是非常偶然的，他们一见钟情，一起欢笑，一起玩耍，可是却缺少彼此对爱的付出和牺牲，毕竟是天真的年纪。

爱娜的父亲为她选择了结婚对象，并且开始准备订婚事宜，而泰戈尔也即将远离祖国，他迟疑了，她也没有再进一步的表示。辗转难眠的夜晚，泰戈尔写下了一首诗：

"我梦见她坐在我头的旁边，手指温柔地撩动我的头发，奏着她的接触的和谐，我望着她的脸，晶莹的眼泪颤动着，直到不能说话的痛苦，烧得我的睡眼如同一个水泡……我不知道她在这个时候，有没有和我做着同样韵律的梦。"

他们的关系没有再进一步了，后来，爱娜嫁给了别人。

"在我们生活的旅程中，不知从什么陌生的方向飘然而至的女神，向我们倾诉自己心灵的语言，开拓我们心灵的力量的界限。她不经召唤而来，最后当我们开始召唤她时，她却消失得无影无踪了。但是，她走时，已在我们枯燥的经纬线上，绣上瑰丽的花边，使我们的日夜充满幸福。"

泰戈尔一直都记得爱娜，这是他在回忆录中提到爱娜时所写的。爱娜是他生命中的女神之一，飘然而至，他始终以一种深情并且是尊敬的口吻提到她，很遗憾他们一起走过的日子太短了，但是诗人始终记得那日日夜夜都充满幸福的日子，枯燥的生活因为有了爱娜而瑰丽无比，这是一段遗失的美好，是美丽而又伤感的相遇。

第四章
远行而归

我到异邦去旅行

> 妈妈,让我们想象,你待在家里,我到异邦去旅行。
> 再想象,我的船已经装得满满的,在码头上等候起航了。
> ——泰戈尔《商人》

每个人都曾经想过远离故土,寻找更加美好的未来,并将远方珍贵的好东西带回来送给家人分享。泰戈尔曾写过一首关于远行的诗,名为《商人》,收录在《新月集》中。这首诗虽然叫"商人",但更多的是以小孩子的视角去写离乡人的想法。

即将远行的孩子一直问妈妈:"妈妈,好生想一想再告诉我,回来的时候我要带些什么给你。妈妈,你要一堆一堆的黄金吗?妈妈,你要秋天的雨点一般大的珍珠吗?"孩子的心是纯真的,他想要给母亲带回来更多的好东西,所有远行的人亦然。

第四章 远行而归

"在金河的两岸，田野里全是金色的稻实。在林荫的路上，金色花也一朵一朵地落在地上。我要为你把它们全都收拾起来，放在好几百个篮子里。我要渡海到珍珠岛的岸上去。那个地方，在清晨的曙光里，珠子在草地的野花上颤动。珠子落在绿草上，珠子被汹涌的海浪一大把一大把地撒在沙滩上。"

在孩子的眼中，黄金是金色的稻米、金色的花朵，而珍珠是草上的露珠、沙滩上的白浪，这些在大人看来可笑幼稚的想法，只有孩子那明澈的眼睛、未经污染的灵魂才能看得到，追逐梦想的人，容易被金银珠宝迷了眼睛，浑然不知那些珍贵的东西可能就藏在平常事物之中。世界的本真就蕴含在童言童语之中。

很多人读泰戈尔的诗，第一遍读的时候会失笑，可能会说："这是什么啊？这么幼稚！"但是转念一想，就会茅塞顿开，叹为"神品"。泰戈尔用孩子的稚嫩的语言，既表达出了那些为了寻找未来而远行的人的心态，也说出了人生的哲理。世间所有，都是因短暂而弥足珍贵，譬如朝露，譬如花开。

不曾经历过，便不会懂得，成长的过程中，人都要自己去体会人生。

1878年，泰戈尔辞别了亲人，和二哥萨特因德拉纳特一起出发去英国，离开加尔各答的他已经是一位俊秀青年了。登上船，回首岸边，那里有他眷恋不舍的家人、朋友、爱人，面对广阔大海，思绪万千，想到未知的未来，他感到一丝忐忑，还有一丝雀跃。

这段英国的旅行非常美好，他常常给家中写信描绘这里的一切，而这些信又被当主编的大哥刊登在《婆罗蒂》杂志上。年轻人看世界总是带着自己的主观思想，那时的泰戈尔还不够成熟，但是因为他心中充满激情，所以他是用非常积极的心态在感受周遭的一切，那些信札自然让人读了生动有趣。日后，80岁的他曾经后悔写下这些，他认为那些只是一个年轻人以冒险精神写出的东西，可惜不能收回。

19世纪60年代英国就进入了资本主义的黄金时代，工业强国的地位让它不停扩张和占领殖民地，国力强盛，本国的经济水平也日渐升高，而泰戈尔的那些信札真实地描绘了19世纪70年代的英国生活，他具有非常敏锐的观察力，他的文章是通俗易懂的孟加拉散文的早期典范，他以独到的眼光观察着见到的人、事、物，作品有着非常重要的文学价值和影响深远的历史意义，所以只能说暮年的泰戈尔太严谨、太谦虚了。

那是泰格尔第一次坐船旅行，曾经多少次他在书中读到拜伦、蚁垤描写的大海，那些波澜壮阔、汹涌澎湃让他无限向往，然而真的坐上船的时候，他恨不能晕过去。印度洋季风吹过阿拉伯海，掀起惊涛骇浪，船在大海上是那样颠簸，他因为晕船只能躺在黑暗的船舱中。当船到达了世界知名的亚丁港的时候，宁静的港湾让他终于得以走出船舱，跻身于众多游客之中。

与几十年前祖父所走过的路一样，泰戈尔和二哥也选择在苏伊士下船。在苏伊士他们坐上火车，列车就像长蛇一样日夜穿行，他们身上的灰尘越来越厚，然后他们来到了亚历山大港口，那里停了来自各个国家的船只。他不自觉地就想看一看有没有自己祖国的船只,这是每一个到异乡的人都会干的事情,很可惜那里没有一艘是印度的船只,这让他感到难受,仿佛这是一种侮辱。

在亚历山大港,他们登上轮船继续向布林迪西前进。这是他第一次来欧洲,但这次的经历以及见到的新奇事物,远不如当年"大仙"带他旅行喜马拉雅山时给他带来的震撼。也许是因为爱娜给他讲过太多关于欧洲的事情了,而实际情况并没有想象中那么好。

他在家信中写道:"我天性中有一些东西妨碍我欣赏生活的美好。我去一个地方前,想象太多,因此,宏伟的景色也不够宏伟,因为想象力会夸张放大。"但是,异国他乡总有一些新鲜的事物让他发现乐趣,比如他还是会赞美看到的那些可爱的意大利姑娘,还有葡萄园中甜美的葡萄。

他们在布林迪西再次换乘火车前往巴黎。"多么华丽的城市呀!"这是泰戈尔看到这个城市的感受,在巴黎,二哥带他去享受了美妙的土耳其蒸汽浴,这与冰冷的山泉水是多么不同。

终于,他们抵达了伦敦。烟雾弥漫和阴冷潮湿就是泰戈尔对这座城市的第一印象,他是在日后才对这里大加赞赏的。在19世纪的中后期,那是热火朝天的工业大发展的年代,工业污染和居民取暖烧煤,让这里的大雾和烟尘混合,空气质量很差,于是伦敦就烟雾弥漫。他们没有在这里过多停留,而是继续赶往目的地布赖顿,二哥的妻子就在那里等着他们。

漫长的行程终于结束了,他们终于到达布赖顿,就像在家中一样,二嫂对他很好。他还有两个侄儿童迪拉和苏莱姆,一个5岁,另一个6岁,都十分喜欢这个印度家里过来的英俊叔叔。但是来二哥家做客的一位朋友提出了建议,如果要了解英国,从英国式教育中学到东西,就应该独立生活。于是,泰戈尔就在寒冷冬天去伦敦读书,住进了公寓中。

你的气息向我低语出一个不可能的希望

> 我切望而又清醒,我是一个异乡的异客。你的气息向我低语出一个不可能的希望。我的心懂得你的语言就像它懂得自己的语言一样。
>
> ——泰戈尔《园丁集》

"我切望而又清醒,我是一个异乡的异客。"到达远方的泰戈尔,在适应环境的同时,非常清醒地保持着自我。他每天6点钟起床,然后用冷水沐浴,所有听说的英国人都会大为惊讶,那里没有人用冷水洗澡。这个异乡的异客,在英国期间始终保持着在印度的生活习惯。

"你的气息向我低语出一个不可能的希望。我的心懂得你的语言就像它懂得自己的语言一样。"对于当地人来说,印度是遥远的东方,而东西方距离太远,文化差异太大了,这里的人普遍认为泰戈尔没有到这里之前,是不懂得文明的,一位小姐甚至在一次宴会上问他是否见过钢琴,这让他啼笑皆非,如果这里的人知道印度贵族的奢华生活,一定会大吃一惊的。

这些对泰戈尔来说,都不是什么大问题。有一次,他参加一个宴会,有人要他唱一首印度歌曲,其实在场的人没有人懂印度语,这只是猎奇心理作祟罢了,为了应酬他只能唱了,要严肃地唱歌给听不懂的人,真不是一个好的经历,唱完他的脸都红透了。

在世界上的任何地方,即便有文化差异,人心和人的本性都是一样的,所以抛开国籍、种族、肤色这些因素,不同民族总有一些相通的地方,比如人与人之间的交际、应酬,再比如人的文雅、教养,而泰戈尔毕竟是印度名门之后,自有其大家族富家子弟的涵养和魅力。

大人物决定历史的走向,而生活中的小人物才能体现出时代的真实感,在英国,他看到了形形色色的异国人,观察和体会到了不同生活,这些都是非常宝贵的经历。

他看到这里的街头巷尾有很多酒家,书店却很少。这里的姑娘酷爱打扮,喜欢一边弹钢琴一边唱歌。全天下女性应该都一样的一点就是,女人都努力让自己跻身于更上一层的社会中去。

在伦敦期间,他什么人都不认识,便找了一位老师教他拉丁文。这是一位古怪的老学究,他总在研究每个时代的支配思想,认为思想意识会反映在不同社会中。沉迷这个理论让他不修边幅,生活窘迫,家人都看不起他,他也不在乎。有时候他想到什么就滔滔不绝地和泰戈尔讲，反而忘记教拉丁语了。

泰戈尔要搬家了，这位憨厚的老师还不肯收泰戈尔的钱，认为自己没有教什么，不该拿钱，泰戈尔着实费力地劝说，才终于让他收下了酬金。由此看来，各国的知识分子都有不通俗务的通病。

这一次泰戈尔租了巴克尔夫妇的房子，他们也是有怪癖的人。房东曾经做过传教士，但是脾气暴躁，常常心情不好，每当房东太太惹他不高兴了，他就去折磨房东太太的狗，夫妻俩在吃饭的时候会沉默不语，偶尔拌嘴。这位娇小的房东太太对泰戈尔非常友好。家务事都是房东太太在做，洗衣、做饭、收拾房间，而丈夫就把挣到的钱如数交给妻子，这些事情倒是从不拌嘴。

不久，二哥、二嫂来信了，他们邀请他去德文郡度假，萨特因德拉纳特家在道尔盖有一栋度假别墅，这真是一个好消息，他马上起程了。

德文郡是一个风景优美的地方，他喜欢大自然，喜欢小孩子，他就在那里尽情地领略大自然的风光，和两个侄子玩儿个痛快，直到这时候，他想到了自己已经很久没有写诗了，于是他走向一块伸向大海的巨石，坐在上面思考，写出了一首名为"失事的船"的诗，但是可惜的是，诗人将它抛向了大海。结束了愉快的梦幻般的假期后，他回到现实，回到伦敦。

泰戈尔正式进入伦敦大学学习。在那里，他听了有名的哈姆莱·玛雷教授讲的英国文学课，教授讲了莎士比亚的戏剧，这对他日后创作诗剧有很大启迪，他积极地学习各种文学知识，玛雷教授是他非常崇拜的教授。

在伦敦居住期间，他还四处游览，参观了国会议院，他注意到爱尔兰议员讲话的时候常常会出现面对满室空座的情况，处境艰难。他去听各种名家演讲，约翰·布列特关于爱尔兰地方自治得演讲让他听得振奋人心，深以为然。

自从在道尔盖的愉快假期结束后，他回到伦敦就住在了司各特教授的家里，这是一个非常友好的典型英国家庭。

司各特教授的头发已经花白，他的太太也非常欢迎泰戈尔的到来，他们有两个儿子、四个女儿和三个用人。只是教授的两个小女儿听说泰戈尔要来，被吓得到亲戚家去住了。当她们最终确定了，这个"侵入"她们家的人不会伤害她们时，她们就都带着好奇心跑回来了。随着时间的推移，泰戈尔融入了这个英国家庭，也获得了所有家庭成员的喜爱，甚至家里养的那只狗都爱跟他撒娇。

泰戈尔给家里写信的时候，把这里的一切美好时光都写上了，这个英国家庭的日常生活让他感动。司各特太太就像妈妈一样亲切地照顾着他，她是一位非常典型的贤妻良母。在这个家庭中生活，让他明白了，人类的本性都是一样的，不管身处何方。以前人们总是认为印度的妻子最忠于丈夫、献身家庭、天下无双，可是他在这里看到司各特太太的贤良淑德，就知道有些想法是因为不了解其他民族的女性而贸然下的定论，实在有失公允。

几个女孩儿也越来越喜欢这个东方小伙子了，特别是司各特太太的三女儿，他们俩年龄相仿，一起弹琴、唱歌、做家庭游戏。后来她想学孟加拉语，于是泰戈尔欣然接受这个任务。在用英语教孟加拉语的同时，他也对自己的语法知识有了一个全面的梳理，教学相长，他越来越觉得孟加拉语充满智慧，也更加喜爱和敬畏自己的母语了。

难道你一定要走

> 一个哽咽的声音在喃喃发问:"难道你一定要走?一定要走?"
>
> ——泰戈尔《两天》

初到英国的时候,泰戈尔对英国女性总是带有偏见,甚至以一种讽刺、批判的眼光在看她们。后来,他见到了越来越多贤良淑德的英国女性,也从她们身上了解了全世界不同民族的女性都具备的那些美好特质,他开始转变了,他真诚地赞颂着司各特太太以及周围优秀的英国女性,而这些也在他的一封封家书中有所体现。

在《婆罗蒂》杂志上,他发表了一篇比较东西方女性社会地位的文章,文中赞扬了英国女性坚强的性格和美好的心灵,并且力证女性是社会发展的源泉,绝非软弱的象征。这种对英国妇女的赞美，引起了家中长辈的不满，他们很担心他一个人在英国生活，接受这种思想之后会出大问题，于是他的父亲就命令他跟着哥哥回国了。

对于回家，泰戈尔没有任何抗拒，他曾说过早就盼着回家了，因为他对祖国的感情是真挚的，而侨居国外虽然可以开阔眼界，却不利于他的文学创作。司各特太太拉着他的手，不停地哭着说："这么快就要走，还来干什么？"不舍之情溢于言表，至于几个女孩子是多么难过，就更不必说了。

后来他在《婆罗蒂》杂志上发表了一首名为"两天"的诗，从中可以读出诗人对那里是多么不舍。

"那如花似玉的脸容，那束蓬松如烟的金发，夜夜潜入我的梦乡；那双充满智慧和希望的眼睛，窥视着我的心，一个哽咽的声音在喃喃发问：'难道你一定要走？一定要走？'两天的逗留期限已满，秃光叶片的树木没有心思去开花结果，皑皑的白雪也没有时间去融化；然而两天的时光将永远用她的双臂拥抱我，她那温柔的抚触将永远留在我心中。"

发表这首诗的时候，他不知为什么用的是化名，不过后来还是收录在他的诗集《晚歌》中。

1880年年初，泰戈尔在国外度过了一年零五个月之后，还是和二哥一家人回到了印度。他没有读完大学，没有获得任何荣誉，没有做成什么事情，但是经历却是最宝贵的东西。

人总是渴望着遥远的事物，这种想法容易让人对远方心存不切实际的幻想，如今他去过了，增长阅历的同时，也放下了偏见。人如果抱持着偏见，就会狭隘，而狭隘会让人轻易地以为自己知道的就是一切，只有看得越多，知道得越多，人才会越谦卑，因为懂得了这个世界上不仅仅只有一种人，不仅仅只有一种想法，这样才能保持谦卑地走下去。

除了这些宝贵的经历，泰戈尔还带回了一个剧本，这个剧本是他在伦敦的时候创作的，名字叫作"破碎的心"。这是一部歌剧，共有34幕，4000多行是叙事诗。

剧中描写了一个俊秀的青年诗人，他沉浸在幻想之中，根本不知道自己已经撕碎了一个人的心。诗人有一个青梅竹马的姑娘，名叫莫乐拉，这个姑娘一直爱着他，他也不是没有感觉到，但是一直没有说什么。后来诗人又遇到了一个美丽的姑娘，那是一个冷若冰霜的姑娘，这个"冰美人"始终戏弄别人的心，从来不交出自己的心。于是诗人失恋了，他伤心地回到家后，听说莫乐拉病了，慌忙跑去看她，谁知她已经过世了，在灵堂中，他看到她安详地躺着，心都碎了，这时候他才知道，原来自己更爱的是莫乐拉，但一切为时已晚。

这部歌剧为当时的泰戈尔迎来了一片赞誉，浪漫主义故事以抒情的笔风娓娓道来，在孟加拉诗坛引得众人瞩目，就连特里普拉邦国王都派人赶赴加尔各答，表达对泰戈尔的祝贺。这个获得如此高的赞誉的剧本，日后的泰戈尔却并不看好，也许在伟大的天才的眼中，标准从来都是由自己所定，也只有不在意世俗的眼光，才能在创作的道路上走得更远。

他为《破碎的心》写了一首小诗，诗中表达出一种宗教式的虔诚感情，有人说这是写给他的五嫂迦登帕莉·黛维的，她是他心中的女神。

"你的倩影镂刻在我的心上,像是那黑暗的神殿中的女神。一旦我陷入迷宫中,你将会把我引上正确的道路。我把我的破碎的心奉献在你的足下,让它的鲜血将你的双足染红!"。

自从回家后,他每天都开开心心地搞创作,又写了一部新剧,这是他的第一部音乐剧,名叫"蚁垤天才"。整部剧的所有对白都是用诗句写出的,全部诗句合起来就是一首歌。

这部剧是以印度历史上的一位诗人蚁垤的故事为基础写作而成的,蚁垤就是《罗摩衍那》的作者,据说他早年当过强盗,后来放下屠刀,出家修行,因为长期打坐苦修,纹丝不动,竟致群蚁集于其身,蚁垤之名,由此而来。

泰戈尔没有完全按照传说去写蚁垤,而是虚构了一些故事情节。比如在传说中,蚁垤看到一个猎人用箭射中了一只苍鹤,然后苍鹤的伴侣就一直在哀鸣,这一情景打动了蚁垤。在泰戈尔的剧中,蚁垤不仅听到丁苍鹤的哀鸣,还听到了一个女孩儿的求救声,原来这个女孩儿是被抓来祭神的,蚁垤动了恻隐之心。这就表现出泰戈尔的博爱思想,这种呼唤人性的思想,贯穿于他的所有作品,无论是何种体裁。

《蚁垤天才》最具有创新意义的部分是它在音乐上的创新,它完全超越了旧式传统印度音乐。当时,印度音乐已经陷入僵化保守的框架中,所有人都谨守清规戒律般地因循守旧,而泰戈尔吸取了西方音乐中有益于印度音乐的东西,让这部剧为印度音乐注入一股新的力量,在乐坛发展中具有划时代的意义。

我要永远从我的思想中屏除虚伪

> 我要永远从我的思想中屏除虚伪,因为我知道你就是那在我心中燃起理智之火的真理。
>
> ——泰戈尔《吉檀迦利》

泰戈尔的哥哥乔迪楞德拉纳特和妻子要去旅行一段时间,他们双双离开了加尔各答,泰戈尔因为没有同行而感觉孤独忧伤。家里的一些亲戚认为他去英国后,回来却双手空空,非常瞧不起他,于是他在关心爱护他的哥嫂离开后就像少了精神支柱一样。

嫂子不在,他写什么也觉得没有人分享和品评,于是他不用钢笔了,改用石笔写作练习,写出的东西转眼就能抹去。他陷入自己的世界中,不停地写诗,这些诗歌后来被收录成一本名叫"晚歌"的诗集。后世很多人认为这部诗集是第一部显示出他天才光辉的著作，他在这部诗集中摆脱条条框框，展现了泰戈尔式的创作风格，他也曾说："我的写作终于属于我了。"他在创作上获得了一种自由，同时很多读者都喜欢他的作品，一颗晨星冉冉升起了。

有一个哲学家看了他的诗后，认为诗歌中都是写的伤春悲秋和自我幻想，比如很多的小标题是这样写的："希望的破灭""一颗星星的陨落""幸福的悲恸""难以忍受的爱""痛苦的召唤"等等。

这些都是他对心中女神的呼唤，而这个女神就是他的嫂子，也许他对她的爱无关情爱，只是因为从小的依恋，他甚至可能是把她当成姐姐或者母亲一般。在诗集中，他有时幼稚，有时天真，但是作品中的感情是绝不作假的。很久之后，诗人自己读到当年写的诗，也会觉得不好意思，想要删除，但是他没有。

他曾写过这样一句诗："我要永远从我的思想中屏除虚伪,因为我知道你就是那在我心中燃起理智之火的真理。"泰戈尔坦然地直面人生，人只有对自己诚实，将虚伪从思想中剔除，才能掌握真理。

他不仅对自己诚实，对这个世界他也是无比诚实的。他写过一篇《中国的死亡贸易》，文中强烈谴责英国为了掠夺中国的财富，向中国贩卖鸦片的行为。文章发表后传播到了印度之外的很多国家，其中包括中国、英国，影响深远。泰戈尔是一位有同情心、有胆魄的人，他心中自有一杆秤，为了真理他不畏强权，为了中国的百姓，他敢于揭露事实，即便他身处印度——一个英国的殖民地。

不久，他给父亲写信请求再次去英国完成学业，在喜马拉雅山的父亲回信同意了。1881年4月20日，泰戈尔和一个侄子一起再次出发前往英国。就在上船的前一天，他还做了一次关于音乐和情感方面的演讲，这是他第一次公开演讲，过程中他数次用歌声举例，说明语言不能表达出的情感，可以用音乐来表达。

这次前往英国的旅程最终没有成行，因为侄子刚刚新婚不久，船一离开加尔各答他就开始打退堂鼓了，当船快要到马德拉斯市的时候，他就决定要调头回家。但是他担心一个人回家会被"大仙"骂，于是就把泰戈尔也劝回来了，或许泰戈尔也不够坚定吧，毕竟他不是真的想去英国学法律，而是在家里压力太大了，出来散散心反倒是想开了些。

于是泰戈尔又跑到哥哥乔迪楞德拉纳特那儿，哥哥在一座河边别墅度假，别墅不远处就是古老的恒河，在那里泰戈尔度过了一段幸福的时光。泰戈尔和他的哥哥、嫂子一起，每天在恒河上泛舟而行，一起欣赏一个又一个美丽的黄昏。

泰戈尔常常会即兴表演、引颈高歌，而他的哥哥也会拉小提琴在旁边为他伴奏，神秘的恒河水悠悠在身边流淌，他感到那些河流源源不断地流入他的内心，化作美妙的佳句倾泻而出，他的创作热情高涨。

就在这个地方，1883年，他写出了《王后市场》，这是他第一部完整的长篇小说。泰戈尔在写作诗歌、剧作和评论方面已经小有建树，但是他还没有写过小说，于是他写了一部浪漫主义小说，是按照当时流行的小说体撰写出来的。

故事描写了一个暴脾气国王，他竟然迫害自己的儿子，也就是王子，因为儿子没有站在他那一边，而是同情庶民站在百姓那一边。最后，王子被剥夺继承权并被远远地放逐，于是王子就带着妹妹，送她去找她的丈夫，但妹夫竟然已经再娶，于是兄妹俩索性一起去了放逐之地，那里就叫作王后市场，他们一起在那里定居下来。

小说的形式没有什么可赞扬的，但是许多情节表明了泰戈尔的思想已经高于民族主义思想，比如国王竟然无视庶民的利益，王子虽然是王族却关心庶民，故事里面有很多关于人性方面的地方非常值得深究，有很积极的历史意义。

一天早晨，太阳还没有出来，他在屋顶远望恒河，那神秘的恒河，就像是通往天国的一把钥匙，是所有印度人精神的救赎，无数人前往朝圣，净化心灵。这时候，太阳从河岸的树梢上冉冉升起，他感到一切在瞬间被笼罩在光明之中，那种多年来压在心灵上的沮丧、不开心，都在一瞬间消散了。

这种感受也许所有人都曾经遇到过，一直缠绕心间的苦楚，在一念之间想通了，仿佛一切都不一样了，重新来过一般，觉察到生命的美好、自在。泰戈尔感受得更深，他看到街头的夫妇微笑着挽手同行，他看到一位母亲，爱怜地喂孩子吃东西。

泰戈尔看到很多平常的景象，感受到了万物有爱，甚至那些渺小而低下的生命，也引起了他的观察与注意，没有阴影，哪来的光明？如果你看到什么是没有阴影的，那么你一定没有看到它的全部，一切的一切都自有其意义。这种感受整整持续了四天，他不停地思考和感受，真理的光辉照耀一切。

第五章
把生活看成诗

那时才看得见无限之门

> 从想要全世界开始,就是一无所得。当欲望集中起来,以一个人的所有能力专注在任何一件事物上,那时才看得见无限之门。
>
> ——泰戈尔《晨歌》

泰戈尔的诗用孟加拉语写作,符合其语言的韵律和语法,翻译成英语之后属于自由体诗歌,在世界上广受称赞。《瀑布的觉醒》一诗可以说是泰戈尔作品开始成熟的标志,"我不知道我的心怎样地忽然打开大门,让世上的群众蜂拥而来,彼此问好。"

诗人的努力没有白费,天道酬勤,水到渠成,那些诗句就像是飞流的瀑布一般,从诗人脑中倾泻而出。他感受到世界万物都蜂拥而至,进入他的心中,就像百川入海般自然而然。诗人看这个世界是空无一物的,一切都在他的心里。他觉得自己的心冲破了黑暗和枷锁,就像是喜马拉雅山上的山泉,冲破所有障碍奔涌而下,冲刷世界,这是心灵的解放,是一切进入心的开始。

"从想要全世界开始,就是一无所得。"人一生下来,就开始有了越来越多的欲望,人性如此,每个人都在走向死亡之路,而最终也将一无所获。

"当欲望集中起来,以一个人的所有能力专注在任何一件事物上,那时才看得见无限之门。"只有放下过多的欲望,专注于一个对象才能看透它,那时候才能大彻大悟,接近真相,"无限之门"的入口才能显现出来。

这些充满智慧的诗,于1883年被收录在泰戈尔的《晨歌》集中。无论是从其积极健康的情感上来说,还是从其语法、韵律上来看,这些诗都超越了前期的作品。后来,泰戈尔自己也曾客观地说自己的前一段时期是在"幽暗的世界里胡思乱想",说得有些苛刻了,毕竟很多人都会在一定的年龄阶段"为赋新词强说愁",伤春悲秋也无伤大雅。

泰戈尔在诗的韵律和修辞方面有深入研究,他的诗歌出人意料地在孟加拉诗坛开创了一条新的道路。他创作了很多诗,生活中的一切都能够让他有所感悟,进而写出诗歌。无论是平凡的巷子,还是路边的孩童。

如果说人间烟火就能够让他写出这么多优美的诗歌,那么伟大的大自然能给他带来更多的创作灵感。泰戈尔决定再次远离人群,去崇山峻岭之间游历。这一次他和哥哥、嫂子一同前往位于喜马拉雅山西瓦利克山脉的大吉岭，那是一座一年四季都被吞没在云雾中的大山，气韵独特。

他们从松林边走过，从山间的清泉中取水，凝望晨间的太阳从山峰间跳出，欣赏落日的黄昏中群鸟飞过，在山路回转之间，感受大自然动人心魄的美丽，感受心灵之美。不禁产生疑问，这些美的感受是瞬间在人心中升起的一个念头，还是本身就存在于物体中，被有缘的人看到了？

他在大吉岭创作了诗篇《回声》，这首诗内涵深奥，颇有争议。据说诗作发表的时候，他的两个朋友还为此打赌，只因双方对诗的内涵各执一词。但是泰戈尔却没有让其中任何一个人输钱，因为他自己也不能否认，两个朋友的观点都在诗中有所体现。

对于这首诗，学术界一直都没有一个定论，后来泰戈尔在回忆录中表明了他的看法。诗歌的意义，不单纯是为了解释某一件事情而写的，心中有感情，诗人用诗歌的形式表现出来了，所以如果有人读不懂，也没有办法再解释。比如让一个人闻一朵花的香气，他说不懂，那给他的答案只能是，这是花的香气。

他认为诗歌表达情感要含蓄，既不是在解释科学道理，也不是在进行道德教育，更不是在完全地叙事，艺术创作要留有一定的想象空间。说得太好了，他的诗非常耐看，经得起推敲，也许有时候他自己也不知道诗是怎么写出来的。就如春神不必召唤万物复苏，就会让小草在土中扭身而出一样自然而然。

诗人的这个答案和毕加索对画的解释有异曲同工之处。曾经有人对毕加索说看不懂他的画，于是他就反问那个人："你听过鸟叫吗?"那人说:"听过。"他问:"鸟叫好不好听?"那人回答:"好听。"于是他问道:"那你听懂了吗?"那人说:"当然听不懂了!"于是毕加索笑了,来人也明白了。

在我们国家和西方国家,泰戈尔被赞为诗人,但是在印度,诗人几乎就等于是哲学家,两者的意思是一样的。泰戈尔的诗中,有非常深刻的哲学思想和宗教思想。他的诗中有正统的印度传统哲学思想,以泛神论的"梵我合一"为中心,但他也受到西方哲学思想的影响,泰戈尔的诗中,蕴含着他的哲学观点:"变化就是生活,生活是不断向前发展的,是不断进步更新的。即便是死亡,也是一种生命的更新。"

这段时间,他写了两首关于永恒的诗歌,《永恒的死亡》和《永恒的生命》。人生百年,犹如白驹过隙,无人可免。"我每年都活着,每年也都死亡。"死亡让生命更新,没有死亡哪来新生?泰戈尔探讨黑暗的死亡,不是消极地让人面对死亡,而是他对生命的赞美。

生命是永恒的,他在诗中提到的"我",是"永恒之我"。"我"最终的本体,是永远不会改变的,泰戈尔说的就是这个"永恒之我"、无始无终、生生不息,"永恒之我"是和世界一起存在的,泰戈尔的诗让人去思考生命的意义和活着的价值。

人生有一个终极大命题,每个人都在短暂的生命中寻找自己那独一无二的答案。泰戈尔以印度教的神话故事为蓝本,结合现代科学,表现宇宙和生命的奥义。

在他创作的故事中,伟大的造物主梵天坐在永恒的中心闭目打坐，当他睁开眼睛的时候，开口唱诵圣歌，恒星转动，行星环绕，斗转星移之间，保护之神吹起了海螺，螺音冲破世界的混沌，生命的法则建立，地球上的生命得以出现和繁衍。在一切美好之间，毁灭之神出现了，万物殆尽，一切再次陷入混沌虚幻，梵天大神又闭上了眼睛。结束就是开始，世间万物生生不息，就像是每天的太阳都会再次升起。

世界已在早晨敞开了它的光明之心

> 世界已在早晨敞开了它的光明之心。出来吧，我的心，带着你的爱去与它汇合。
>
> ——泰戈尔《飞鸟集》

1883年夏季，泰戈尔的哥哥萨特因德拉纳特被派往加勒瓦尔地区担任法官，那是印度的西南海岸，是现在的迈索尔地区。泰戈尔也一起同行，他非常开心地和哥嫂度过了一段愉快的日子，生活在爱人之间的人是最幸福的，哥嫂家的两个孩子也给他带来很多乐趣。

泰戈尔喜欢那里蜿蜒的海岸线，蓝天碧海间，群山环抱的加勒瓦尔港口，椰子树在阳光中起舞。在这里，他创作了新诗剧《大自然的报复》，英文版本叫作"苦行僧"。

剧中描写了一个在山中隐居的修道士，他自以为修成正果，挣脱了俗世羁绊，也没有烦人苦恼，达到了超凡的境界。他在自己的山洞外高声宣布自己已经心无杂念，任何诱惑都不能动摇他的心。然后，他离开了山洞。

他到了一个名叫萨米帕的城中，遇见了一个小姑娘。那是一个失父丧母的可怜小女孩儿，作为一个低等的贱民被人凌辱，坏人中不乏寺院的修道之人。修道士难以抑制自己的同情心，他害怕破戒，于是狼狈跑开，压抑着人的本性本来就是不可能成功的，当他意识到这一点的时候，他回去找那个小女孩儿，可惜小女孩儿已经死了。死亡反而坚定了他的修道之心，"伟大在低微之中，灵魂只有在爱的过程中才能得到永恒的解脱。"理智、情爱和神性都融合在这部剧中，表达了人性的真与善。

剧中的人物是生活中你在路上随处可见的人的缩影，在泰戈尔的剧作中这种有特色的无名之辈特别多，这些角色代表了社会的各阶层人士。泰戈尔的剧作也间接地告诉大家，不管世界如何变化，剧情如何变化，活着的人将会继续好好活着。

剧中的人物都使用方言，这是因为泰戈尔他吸取了莎士比亚戏剧中的表现手法，让这部剧有着一种民间的粗俗与幽默。红花需要绿叶来配，主角形象的树立需要更多的形象来烘托。

泰戈尔剧作的娱乐特性，让它更适合在民间的露天舞台上表演，反而不适合那些高雅的厅堂。这也引来一些循规蹈矩的评论家的批评，他们认为好剧本一定要在大剧院来展现。但是泰戈尔坚持自己的观点，好剧本不该由剧评人来评定，而应该由观众来评定。

天才告诉人们，天才之所以是天才，就是因为他从不墨守成规，也不走别人摆好的道路，如果你想让他写什么他就写什么，那泰戈尔也就不会到今天还被尊为天才了。

在这部剧中，有一些非常抽象的哲理，一个穿着破烂衣裳街边要饭的小女孩儿，她目不识丁，却能够让一位满腹经纶、修行多年的修道士顿悟，高傲的修道士要进入真理之门也需要小女孩儿的引导。

在剧中，修道士抛弃了七情六欲，一心修炼；而俗世中，贩夫走卒大都地位低贱、愚昧无知。这两种人各自在各自的世界中，爱让两种人走到一处，修道士与有夫之妇结合在一起，在有限的世界中感受到了无限世界的欢愉，这一切都是因为人性的光辉。

世间所有事物的发展都是粗劣的，有锋芒的，如果你看到一个人是绝对完美的，那只能说明他没有站在阳光下，你没有看到他的阴影，而没有看到阴影当然就不可能看到真实的全貌。人要学会正视两极，无论是正负，还是对错，都要直面并正确思考，不要轻易站队也不要抱有偏见，而应该积极地让自己活在一种平衡的真实中。

在加勒瓦尔待了半年多的时间，泰戈尔和哥嫂回到了加尔各答，他住在乔伦基附近的一栋花园别墅中。这个地方有很多下层人士，别墅对面就有很多临时窝棚。泰戈尔常常在别墅中凭栏远望，窗外是社会底层蝼蚁般的生命在讨生活，泰戈尔贪婪地观察着他们日常的喧闹和男男女女的欢笑，仿佛看到一个又一个真实的故事。

艺术源于生活，这段时期泰戈尔一直在有意识地训练自己的艺术眼光，注意观察周围的事物。艺术高于生活，他善于把那些眼睛看到的东西镂刻在心上，化成诠释世界的真实的篇章。

他曾说："如果我是画家，我会努力画出那些景象，还有那些在我心中升起的永恒的真实的形象。可惜，我不会画画。"后来，在那段时间写出的诗篇，他以"画与曲"为名出版了一部诗集。这部诗集让我们看到了一个立体的世界，泰戈尔用他特有的笔触描绘出了一个真实的幻境，表现出了那平凡街道中形形色色的人。

"我今晨坐在窗前，世界如一个路人似的，停留了一会儿，向我点点头又走过去了。"意思是说，他推开了一扇窗户，在窗外他看到世界，观察生活。世界像是一个路人，表明他始终保持一种初次看到世界的好奇心，仔细观察，"停留了一会儿"是向每个人展示世界之美，让我们去欣赏，但是在那么短暂的时间内世界之美是看不完的，于是留下伏笔。而"向我点点头"这种只有熟人才会有的动作，说明了他看到的其实并不是陌生的，随后"又走过去了"，"又"字再次说明了只要我们守候在窗前，走过去的还会再回来，早晨会再次来到，然后我们又会把世界当成一个陌生人，再次去发现世界的另一种美。

泰戈尔告诉人们，不要轻易放弃世界，珍惜并享受现在的生命，要永远期待一个更美好的世界。"世界已在早晨敞开了它的光明之心。出来吧，我的心，带着你的爱去与它汇合。"在泰戈尔的诗中，白天是新生，晚上是死亡，不断轮回。清晨就对应着新生的开始，怀着一种好奇之心，让心与光明相汇合，世界是美好的，是充满爱的，等待着我们去发现。

当乌云与阳光接吻

> 当乌云与阳光接吻,便化出满地繁花。
>
> ——泰戈尔

1885年,泰戈尔出版了一本名为"评论"的小册子,小册子收录了他创作的很多散文,有对社会问题的评论,也有对政治问题的抨击。他积极写作,无忧无虑地生活着,也取得一些成绩。20多岁的年纪,他英俊、年轻、健康,他多才多艺、充满喜悦,他感觉仿佛世界都在向他微笑。

就在这时候,他的五哥乔迪楞德拉纳特陷入了困境,他的工业投资失败了,并且让家族都受到了冲击,于是他没有办法再振兴家族了。为了摆脱困境,他们的"大仙"父亲,经过慎重考虑,决定让泰戈尔把振兴家业的担子挑起来,力挽狂澜。为了能够让泰戈尔尽快收心工作，"大仙"让泰戈尔先成家再立业，于是家中开始给他物色结婚对象。

依照风俗，大家族子弟结婚，都是由家中的妇女长辈出面挑选媳妇，而且不能随意挑，门第之见从古至今都束缚着人的思想，"大仙"虽然在很多方面是一位开明、超前的社会改革家，但是在习俗方面依然如故，泰戈尔的媳妇必须是最高种姓中的婆罗门家族的姑娘。

在当时的社会，泰戈尔家族在金钱、权势、道德、学问等方面都确立了很高的社会地位，但是祖辈发生的"闻香破戒"的事实犹在，所以在种姓制度面前，这个家族还是低人一等的婆罗门家族。那些自诩为"高等婆罗门"的家族是看不上他们的，于是他们就放弃大城市中的大家族，把目标锁定在小镇上的婆罗门世家，族中商议后派遣泰戈尔的二嫂和五嫂去给泰戈尔选媳妇。

两位嫂子在吉夏兰小镇上寻寻觅觅，挑中了韦利玛塔次·拉叶乔塔利先生家的女儿，那还是一个10岁的小女孩儿，长得并不出众，只读过一年书，几乎是目不识丁。但是两个嫂子已经是千挑万选才定了这么一个相对不错的小女孩儿，这也恰恰说明了门第之见真是害人不浅，为了能迎娶一名婆罗门姑娘，就只能选择一个没什么文化修养的姑娘进门了。泰戈尔是一个浪漫主义诗人，他的婚姻却定得毫不浪漫，理想与现实的差距确实让人大吃一惊。比照当时的社会来说，这其实是很普通、很正常的，更让人惊奇的是，泰戈尔也没有反对。

泰戈尔是一个孝顺的儿子，从小他就很听"大仙"的话，所以他默许这门婚事也不足为奇，毕竟在他心中父亲总是对的。1883年9

月11日,是泰戈尔的大婚之日,他的五哥主持婚礼,父亲并没有出席婚礼,他的二哥一家也没有出席这次婚礼,婚礼其实是比较匆忙的。

新媳妇是一个贤妻良母型的女孩儿,也许不同类型的人在一起才能互补吧,他们倒是琴瑟和谐。当时的泰戈尔还给妻子重新起了名字,叫作默勒纳利妮,比他小12岁的妻子就这样欣然接受了丈夫送她的新名字。妻子虽然会得不多,但是在嫁给泰戈尔之后,就一直努力进步,为了丈夫,她学会了孟加拉语、梵语和英语,还参演了丈夫的戏剧《国王与王后》。

作为一个妻子,她一直勤勤恳恳地操持着家务,用勤劳来弥补自己的不足,也赢得了家人的喜爱,她一生为泰戈尔生了5个儿女,她把丈夫的理想看作她要努力的目标,和丈夫一起度过了近20年的时光。但是让人奇怪的是,过了很多年后,泰戈尔的回忆录中写了很多的人、事、物,却从不提他的妻子及他的婚姻。

1884年,就在泰戈尔新婚不久,一个噩耗突然传来,泰戈尔最敬爱的五嫂迦登帕莉·黛维自杀了,才不过25岁的年轻嫂子,不知为何竟然选择以这种决绝的方式离开这个世界。16年的相处,已经让嫂子成为他生命中最重要的女性,他失去的不仅是嫂子,而是他的朋友、他的女神,甚至是他的灵魂。而且祸不单行,就在嫂子去世后的几天,他的三哥也去世了。

面对死亡,遗忘是人类的一个非常美好的特性,如果不能忘却,那就只能在痛苦中无法自拔。那一年泰戈尔23岁,当死亡的噩耗传来,他感到手足无措,当嫂子离去,他感到自己是被抛弃的人。太阳、星星、月亮和大地上的一切依旧，只是不见了她。遥想当年泰戈尔母亲去世的时候，他年纪太小，这些年渐渐也有些淡忘了，但是嫂子的死却让他感受死亡的恐怖。

生活就是如此，在你以为顺风顺水的时候，其实你已经在悬崖瀑布的边上了，在你以为无路可走的时候，转眼就柳暗花明了。泰戈尔想起了母亲死去时候的情景，那时父亲面容平静地打坐入定，那画面十分宁静安详，在脑中浮现的这个场景让他的心好受一些。

"当乌云与阳光接吻，便化出满地繁花。"这是泰戈尔后来写的一句诗，一朵乌云和阳光在一起，片刻后就落下了雨滴，雨水落在地上，水花飞溅，好像满地繁花，爱在绽放，正如世间所有，因短暂而美好。

"不管世界将如何遗忘她，我是永远都不会忘记她的。"泰戈尔在他的诗中如是说。

人和人之间，因为缘分，一起走过一程，要心存感激，欢欣而行，因为你不知道明天和意外，哪个先到。

人世间的生活像游戏一样缤纷多彩

> 我不想在这可爱的世界上死去，我留恋那灿烂的阳光，盛开的鲜花，我要像一个人一样在人群中生活。人世间的生活像游戏一样缤纷多彩，生命中充满了悲欢离合，嬉笑怒骂！啊！让我歌唱人们心中的悲哀和欢乐，让那优美动听的曲调千秋传播。
>
> ——泰戈尔《刚和柔》

泰戈尔家族于1877年创立《婆罗蒂》月刊杂志，到1884年已经有很多忠实的读者，吸引了很多文人墨客，泰戈尔也一直在自家杂志上发表文章。孩子是民族的未来，阅读对孩子的进步很重要，针对小读者，家族决定增设一本名为"儿童"的月刊读物。

杂志由泰戈尔的二嫂来筹备并主办，记得多年前，二嫂嫁入他们家的时候几乎是不识字的，经过多年的学习和家庭文化的熏陶，她已经今非昔比了。不论是为了敬爱的二嫂，还是为了那些可爱的孩子，为《儿童》杂志写稿，泰戈尔是义不容辞的。

从这时起，泰戈尔创作了很多儿童文学作品，包括儿童诗歌、寓言、短片故事和长篇小说等，各种体裁都有涉猎。泰戈尔写过一篇名字叫"王冠"的中篇小说，以历史为题材展开创作，这部小说后来被改编为剧本，深受群众喜爱，直至今日在印度还时有演出。

随后他想写一部连载作品，一直没想好写什么。后来这个作品的最初的想法，就在他的梦中诞生了。据说当时的泰戈尔坐火车前往加尔各答，车上人很多且非常嘈杂，他就在这种情况下思考下一步要写什么，想着想着就睡着了。他梦见一座深山古刹，而在寺前的青石台阶上，是血迹斑斑的脚印。有一个美丽的小女孩儿，她扯着父亲的衣角问："爸爸，这些红色的是什么？难道是血吗？"他的父亲竭力地控制着语调，安抚着女儿。当泰戈尔醒来的时候，他下一个小说就从这个梦中的故事开始了。

1887年，泰戈尔创作了《贤哲王》，他将从梦中得来的故事扩展成一部发生在印度东部的长篇小说，在那里有一个古老的王国，国王名叫阿努迪，故事具有很强的批判性，比如为了让女神高兴，人们有献祭牲畜的印度教习俗，这个情节在5年后的诗剧《牺牲》中被再次运用。两个故事都表明了泰戈尔对印度教中盲目迷信的行为的讽刺。

泰戈尔持续为《婆罗蒂》和《儿童》供稿，还在"大仙"父亲的要求下，担起了复兴家族的重任。父亲要求他担任梵社秘书，泰戈尔欣然接受了。全面接触梵社的工作后，他写了很多优美的赞神曲，写了罗易的观点所表述的、提升民众道德文化方面的文章，还写了一些含有"大仙"父亲所创立的非常独到的宗教观点性文章。有一篇文章的观点，与印度教一位德高望重之人的理论有分歧，为此着实掀起一阵论战风波，幸好，泰戈尔十分敬重这位德高望众之人，而对方也对泰戈尔有惜才之意，他们的观点之争很快就停止了。

任何时代的知识分子，都会有两个派系：守旧派和激进派。他们一方固守传统价值观，另一方去寻求新的发展。从泰戈尔给祖父的信中可以看到他的观点："恒河的发源地在崇山之中，但是不管山有多么美好，河水亦不能倒流，河流只能奔腾向前，流向沙漠或田野，最终汇入大海。"祖父看到这些，感到很欣慰，夸赞他的聪慧，并且提出警示："人性不是随波逐流，应该像江中的岩石，屹立不动，有所坚持。"他们的对话，充满着哲理，说的是山河之事，也是人间之事。因为祖父的观念的影响，泰戈尔一生对于新观念与旧观念之争，都是采取一种类似中庸的态度，他不偏执于任何一方，他选择了平衡之路。

1886年，泰戈尔又创作了诗集《刚与柔》，其中写道："人世间的生活像游戏一样缤纷多彩，生命中充满了悲欢离合，嬉笑怒骂！"

泰戈尔说人世间的生活像游戏，那游戏到底是怎样的东西？现实中有很多人喜欢打游戏，也有很多人痛恨游戏，诚然任何事物都有其利弊，要看你怎么去看。

游戏中蕴涵着缤纷多彩的人生，每个玩家可以自由选择职业，细致到所穿装束、所拿兵器。这是一种游戏人生的设定，如果你要成为战士，那么你就要练习近身攻击，才能勇往直前，如果你要成为猎人，那么你要勤练箭术，才能在战场上百发百中，不管你要扮演哪个角色，你都要久经磨砺。游戏中如此，人生中亦是如此，而且游戏中你可以把所有职业都玩一遍，不像现实的人生，需要几十年。

很多游戏中都有"传送门"，玩家可以通过传送门在转眼间到达千里之外，这就蕴含着一种哲理，生命中充满着无数的可能，这一刻你在此地，下一刻你可以在千里之外，穿越时间、空间，遵循人的所思所想。这告诉人们，只有通过智慧与努力，才能达成梦想。悲欢离合不必受时间、空间的限制，只要你敢想敢做，一切皆有可能。

游戏中的死亡，也是一种很好的感受死生的设定，当你在游戏中死去，永远都有重新再玩的机会，而在现实中，你只能死一次。于是，在游戏中你即便死亡，也可以不断去修正自己的错误，重新设定再来，无惧生死，在嬉笑怒骂中让自己活得更好。人生就是需要这种游戏的活法。

诚然，沉迷游戏固然是不好的，但是任何事物都不必盲目否定。一千个人读泰戈尔，就有一千种泰戈尔，解读因人而异，更会因为时代不同而有所不同。但相同的是，所有人都会在泰戈尔的诗中受到启迪。

人生短暂，不要太严肃，用轻松的心态去面对，将人生当成一场游戏，会走得更开心。

第六章 最好的不会单独而来

我愿我能在我孩子自己的世界的中心

> 我愿我能在我孩子自己的世界的中心，占一角清净地。我知道有星星同他说话，天空也在他面前垂下，用它傻傻的云朵和彩虹来娱愉悦他。
>
> ——泰戈尔《孩子的世界》

1886年，泰戈尔的第一个孩子出生了，是个可爱的女孩儿，他给他的小天使取名玛吐莉勒达。女孩儿长得非常美丽，就像是一朵洁白的素馨花，肌肤如雪，玉质晶莹，所以大家都不喊她的名字，反而喜欢叫她素馨花。好事成双，两年之后，泰戈尔的儿子出生了，取名罗梯，是个健康的宝宝。

女儿和儿子的出生让泰戈尔非常高兴，泰戈尔创作了很多关于孩子的诗篇，他爱他的孩子，喜欢陪他们玩儿，孩子给他带来了很多乐趣。这种爱大到让他爱世间所有孩子，他是博爱的人。那些浓浓的父爱凝练成优美的诗句。这个时候，他还不知道他将会写作出版一本名叫"新月集"的诗集，而这本诗集将会为他赢得"儿童诗人"的传世美名。下面这首《孩子的世界》就出自《新月集》。

"我愿我能在我孩子自己的世界的中心，占一角清净地。"孩子的世界，是一方净土，出生的两姐弟为泰戈尔开启了这片世界。每个人都曾经是孩子，所以本该理解孩子的世界。

"我知道有星星同他说话，天空也在他面前垂下，用它傻傻的云朵和彩虹来娱悦他。"孩子就如同来自天国的小天使，不仅天真可爱，还带着神秘的色彩，笼罩着圣洁的光辉。

"那些大家以为他是哑的人，那些看去像是永不会走动的人，都带了他们的故事，捧了满装着五颜六色的玩具的盘子，匍匐地来到他的窗前。"一般的诗人也许可以写出孩子嬉闹的美好场景，而泰戈尔却能更进一步，写出深层次的东西，如行云流水般的语句，自然而然就流露出了东方文化的神秘性。

"我愿我能在横过孩子心中的道路上游行，解脱了一切的束缚；在那儿，使者奉了无所谓的使命奔走于无史的诸王的王国间；在那儿，理智以她的法律造为纸鸢而飞放，真理也使事实从桎梏中自由了。"静下心来看看孩子，孩子的世界里没有难以理解的东西，所谓的理智、真理都不会成为枷锁桎梏孩子的内心，他们也没有被欲望绑架了内心，只有简单和纯净。

泰戈尔描写了一个天真无邪的世界、一个绚丽多彩的天地和一个童话般美好的梦境，没有什么地方是比孩子的世界更美好的了。

1889年，泰戈尔带着妻子和孩子到印度南部的一个城市生活，那里有他的当法官的哥哥。这段时间里，他创作了诗剧《国王和王后》，这是一部深受莎士比亚影响的剧作，剧情复杂，情节曲折，人物形象鲜明，整个故事跌宕起伏，让人拍案叫绝。

　　一位国王娶了心爱的公主为王后，自此坠入情网，"从此君王不早朝"的故事就这样展开了。国王把所有时间都用在他最爱的王后身上，将国家大事统统推给大臣，而没有人监管的大臣就利用职位之便，趁着国王无心朝政之时大肆贪墨。百姓苦不堪言，在暴力压榨之下生活日渐清苦，饥饿迫使人民冲到皇宫，这时候王后才知道外面的情形，而国王对于饥民来袭并没有任何作为，他已经昏庸到了不顾百姓的地步，他完全忘记了自己的职责。王后劝阻无力，为了百姓而离开了国王，她要找人来结束这场由她所引起的人民的浩劫，而国王却在王后走后恼羞成怒，一气之下竟然以雷霆万钧之势平定了人心，当国王逼死叛军首领的时候，王后也倒地而亡了。

　　在这个故事中，国王神武英俊却又好色，王后美丽善良却又太过高傲。美妙的爱情让人丧失理性、迷失方向，爱情也有着振奋人心、改天换地的能力，但是没有任何约束的爱情，只会成为一个悲剧。拥有爱情与谨守职责本不冲突，但是如果顾此失彼，势必产生问题。他们的爱情，最后到了无路可走的境地，只能以悲剧收场。

　　泰戈尔不断创作新诗和新剧，在社会改革中冲锋陷阵，常常发表文章进行政治性辩论。1887年，他写了一篇文章，文中写了很多保护妇女权益的内容，同时还强烈反对和谴责童婚等陋习，他为人们描述了理想的印度教婚姻的样子。

虽然泰戈尔的各种创作都非常积极，传递着正能量，但是诗人也是人，也有情绪低落的时候，当他心绪不宁的时候，他总是喜欢去旅行，如果没有旅行也要换换住处。他先是离开了乔拉桑格的住处，住到花园街，然后又去大吉岭住了一段时间。

现实中很多自诩为诗人的人都喜欢流浪，高喊着"诗和远方"的口号四处飘游，实际上只是为自己的不负责任找个高尚而好听的理由，而泰戈尔不是这样的人，他的生活没有放荡不羁，只有高度自律，这也是受到他"大仙"父亲的教育和影响。他情绪上的变化，都会在同时期的作品中有所展现，无论是精神上的进步还是情感上的难舍，都能在他的诗中找到出口。

结束了在大吉岭的生活，泰戈尔去了印度西部的城市，每到一个地方，他都好像是旅行度假一样，他认真观察周围的一切。随后他再次回到加尔各答，当听闻伽吉普尔的玫瑰因美丽而闻名后，他立刻赶往观赏，这真是一个行动派诗人。恒河畔芳香四溢的玫瑰园，让人流连忘返，为了写诗的灵感，他把全家人都带去住了一段日子。后来，诗人终于看透了玫瑰园的商业化的美丽，终究是比不得山间花朵的钟灵秀美，于是返回了加尔各答。

世界对着它的爱人

> 世界对了它的爱人,把它浩瀚的面具揭下了。它变小了,小如一首歌,小如一回永恒的接吻。
>
> ——泰戈尔《飞鸟集》

泰戈尔的父亲希望泰戈尔管理庄园,于是泰戈尔在希拉依德住了一段时间,接着他去印度西部和哥哥萨特因德拉纳特会合,当他得知哥哥要和朋友一起去英国旅行的时候,他决定同行。

英国旅行期间,一方面《婆罗蒂》杂志的主编,也就是他的大哥德维琼德拉纳特不停地催他写稿,他忙于写作发文,另一方面他在这次旅行中,坚持将所见所闻都写成日记,所以他的日子过得非常充实和快乐。回国后,他就将这段时间的日记整理,以"旅欧日记"为名发表了。日记就像那段旅行的日子一样,带着轻松的笔调，因他向来观察入微，具有敏锐的目光，更具有字字传神的文字功底，这本游记也就和其他类型的作品一样，非常有艺术魅力。

游记开篇，就是泰戈尔从孟买上船的日子，当轮船驶离海岸线，他在甲板上望着大海沉思。他想到了交通工具的变化，想到了不同时代的人传递文字信息所需要的时间大大不同。古印度时期，与情人相距三四百里的情郎只能让飞云寄去一段相思，而蒸汽时代不论多远都能送上信。随着轮船深入大海，他也像每次坐船一样晕船，他难受地躺在船舱中，就这样日夜饱受煎熬。8月9日的时候，他梦见家乡妻儿，后来他把这个梦写信告诉了妻子。

当日，他在船舱中小憩，感到思绪飞开，灵魂好像离开了身体，然后心随思动，转眼到了乔拉桑格的家，年轻的妻子睡在床上，两个亲爱的宝贝睡在身旁，然后他怜爱地躺在妻子旁边，抚摸着她柔软的发丝，在她耳边说："我的小媳妇，今天我来看你了，你知不知道？等我回来的时候，我会再来问你的。"然后，他吻了吻两个睡梦中的宝贝，就回去了。或者说，他醒过来了。

泰戈尔在任何时候都有一种乐观的精神，即便是在晕船难受的时候，他也依然能够在这个世界找到爱，感受爱，付出爱，即便是在他的脑中、心中。

"世界对了它的爱人，把它浩瀚的面具揭下了。它变小了，小如一首歌，小如一回永恒的接吻。"这是收录在《飞鸟集》中的一首诗。

在这首诗中，世界只有对着爱它的人，才会把面具揭开，如果世界对着不爱它的人，就始终会带着它那浩瀚、冰冷、神秘的面具。如果你看到的是面具，那么只能看到这是一个灰蒙蒙的、混沌的世界，是没有办法理解世界的，因为没有爱过这个世界，自然只能看到面具。

如果爱了，世界就会有所改变，小到运转于掌心，小如一首歌，小如一个吻。吻，是只有在爱人之间才会发生的。如果用心感受世界之爱，会让人感受到幸福、甜蜜、光明、善意，泰戈尔的潜台词就是，这个世界是充满爱的，而整个《飞鸟集》是充满正能量的一本诗集。

当轮船抵达伦敦的时候，他立刻去司各特教授家，找到了当年他曾经住过的那栋房子，但是可惜他们一家早就离开那里了，打听左邻右舍也没有人知道他们到哪里去了，他感觉就像久远的青春找不回来了，只能在支离的记忆中还有几分影子。

泰戈尔惆怅了一会儿，他收拾好心情开始了他的美好旅程，毕竟这里是伦敦，他去剧院观看歌剧，也去街角的小酒馆观察各色人等。他喜欢看面孔白皙的年轻英国姑娘，也喜欢看成熟优雅的蓝眼睛小妇人，还喜欢和以绅士风度而闻名的英国人一起聊天。

他再次进入欧洲社会的生活中，也再次开始赞扬这里的一切。他看到这里的妇女享有女性该有的人权，非常独立，能够成为家庭中重要的一半，和男人一样为家庭做出贡献。

相比而言，印度女性更多的是依附他人，出嫁前依靠父亲兄弟，出嫁后依靠丈夫，等儿子长大了就靠儿子，这就让女人软弱，有碍民族发展和国力强盛。在这里他写了很多文章，但是很奇怪的一点是，他没有写诗，上一次出国的时候也是这样，仿佛离开印度他就不会写诗了，而且这种情况在他日后的人生中也是如此。

在伦敦的生活非常惬意，到10月份的时候，他决定回国了，但是他的哥哥和旅伴还没有游玩够，于是他自己提前回国了。

从英国归来，他先后出版了诗集《心灵集》和旅游日记《旅欧日记》。

在这些年的旅行中，他总是会带着一个练习本，上面写满诗句。无论是在深山中还是在城镇里，只要有写作的想法，他就立刻写在本子上，就这样，源源不断的诗歌从他的笔尖流淌出来。在玫瑰园住的那段时间，是他诗歌创作的一个高产时期，不知道和花有没有直接关系。他将那一时期的作品收集整理为《心灵集》，这部作品提升了他在诗坛的地位，是泰戈尔从身体到精神都成熟后的一个标志性作品。

在《心灵集》中，泰戈尔的诗褪去青涩，告别浮夸、不真实和伤春悲秋的情绪，而是真正成熟了。很多诗都是短小精悍，恰到好处地直击人心。诗作可以大体分为六个写作方向：民族、社会、宗教、自然、爱情和神秘主义，这些诗阐明了作者的人生观、世界观、价值观和宇宙观，有的诗不只从一个角度去写，比如他的爱情诗可能也掺杂着宗教哲学，自然诗也同时表意了社会的变迁，不同思想在他的脑中融合，最后提炼出艺术的精品。

自然的眼睑上落上了黑暗的帷幕

> 自然的眼睑上落上了黑暗的帷幕,遭受五雷轰击的泡沫,如今发出狞笑,汹涌的白色泡沫将鲸吞一切生命和无生命的欢笑。
>
> ——泰戈尔

1887年,一艘客轮载着800名乘客前往圣城普利,途径东海岸的时候遭遇风暴,被巨浪吞没了,全船乘客无一幸免。泰戈尔以这一灾难事件为题材,创作了一首诗,这首诗堪称是他一生所写的关于大海风暴的诗中最经典的一篇,诗句用拟人的写作手法来表现大自然的风暴。

"毁灭的怪物游荡着,在那无垠的大海胸膛,大自然那可怕的狂欢节日,搏击着千千万万双翅膀,它们朝四面八方飞旋。"风暴开始了,这是大自然狂欢的节日,名为毁灭的怪物赶来赴约,它们兴奋地从无垠大海的四面八方而来。

"大风强劲地吹着,拥抱着大海,在可怕的相遇里,它们喝得烂醉如泥,踉踉跄跄。风暴魔鬼尽情地作浪兴波,没有大自然的和谐音乐,只有无意义狂舞的节拍。"强风爱着大海,当它终于可以拥抱大海,它高兴地作浪兴波,在这场大自然的狂欢聚会上,所有聚会者都喝得烂醉如泥,它们疯狂地随着海浪的节拍摇摆,群魔乱舞。

"自然的眼睑上落上了黑暗的帷幕,遭受五雷轰击的泡沫,如今发出狞笑,汹涌的白色泡沫将鲸吞一切生命和无生命的欢笑。"黑暗的势力崛起,摧毁万物的滔天海浪发出一阵狞笑,以雷霆万钧之势横扫海面,再坚硬的船也不能反抗,何况渺小的人类。

诗中描写了海上风暴的情景,大自然的力量是强大的,人类是非常渺小的存在,生命在"自然的眼睑上落上黑暗的帷幕"之时,就面临一场毫无胜算的罹难,顷刻间就会灰飞烟灭。虽然这些情景是那么可怕,但是诗人也在后面写出了人类面临灾难该如何应对的诗句,"当爱神降临,驱除了围绕在母亲胸前的全部恐惧"。不管面临何种困境,只要爱和信念犹在,那么挪亚方舟就一定在,人类就还有希望。因为所有风暴都蕴含着希望,所有崩溃都意味着涅槃,而所有末日,也象征着新的开始。

今时今日,更多的人身处闹市,有一份安稳的工作,住在一个宁静的小城,总觉得风暴离得那么远。但实际呢,"某某高速公路上3车相撞,2死3伤""某某飞机失联"……意外、灾难频频发生,人要随时准备接受无常，直面死亡。只有锤炼自己的意志，训练自己的求生技能，永不放弃，才能靠自己走出一条生路。

如果说以上这首诗是泰戈尔的自然诗，那么下面这首《云使》就要归入他的爱情诗一类。《云使》写于1890年，在去英国之前，他在桑蒂尼盖登待了几天。有一天，他看到天空飘来一片乌云，预示着大雨将至，然后他想起了迦梨陀娑，这是一位伟大的印度诗人，他也曾经在这样一个日子里，写下了抒情长诗《云使》，诗中描写了痴情男女的爱情故事。泰戈尔的新作《云使》，遥遥致敬这位昔日的伟大诗人。

迦梨陀娑所写的《云使》中，描写了一对被迫分居两地的情侣，男人异想天开地让云彩当信使去问候妻子，泰戈尔的《云使》也用了这个情节。

"乍到的雨季挥舞浓云的纨纱，伫立在东方地平线。我想起优禅尼城的诗人，萌生了向远方情人派遣云使的念头。腾飞吧，我的歌，飞越我身旁耸峙的孤独！它必须溯岁月之流而上，返回充满竹笛苦楚的我们结合的日子——那里交织着宇宙永久雨季和春天的气息，各式各样的啜泣，露兜树长长地叹息，红木新枝激越的誓词。把僻静池畔雨天椰子林的簌簌絮语，化为我的心声，送入情人的耳中。她梳妆完毕，纱丽掖在腰间，正忙于家务。"

泰戈尔在诗中描写了男子对远方情人的思念之情，这既是他本人的爱情观，也是一种浪漫主义思想。诗中描写的场景，仿佛一幅幅动人的画作，在我们眼前展现。云寄相思，表情达意。他描写出来的情人，仿佛是真的在家中忙着家务一般，形象鲜明而传神，让整个故事变得如泣如诉，打动人心。

　　无论是自然诗还是爱情诗，泰戈尔都下笔如有神，每每都能通过丰富的想象力，将普通人的故事写成传奇，逐字逐句仔细推敲，也总能找到隐含着的哲理。而作为一个爱国者，泰戈尔对于周遭的一切也时刻警醒。他写了一首名为"狂想"的诗，在诗中他强烈地谴责了那些软弱的同胞，说他们只是沉醉在往昔的辉煌中不敢面对现实。

　　"当狂想像巨蟒一样在他们的胸膛中吐着蛇芯时，那些伪善的、吃着米饭的、乳臭未干的孟加拉人"，他们却沉迷于水烟、纸牌等玩物之中，泰戈尔是怒其不争的，于是把他的悲愤化为力量，写出了很多具有讽刺性的诗词，希望更多的人能够警醒，希望同胞们能够一起站起来，创造出一个更好印度。

　　泰戈尔所写的讽刺诗中，有一篇名为"传道者"的最为经典，这首诗取材于1888年发生的一件真人真事，当时有一群所谓的"爱国人士"包围了一个传教士，然后痛打了他。在泰戈尔的诗中，他细致地描写了这次袭击。一群乌合之众策划一个阴谋，然后以多欺少痛打了一个手无寸铁的人，而且是在那个人没有任何反击的情况下，然后这些自诩为"英雄"的人看到警察来了，立刻四散而跑，回家后又像是凯旋的英雄，把自己做过的事情添油加醋地胡乱吹牛，说累了就训斥自己的老婆怎么没做好饭菜。

　　如果一个国家，人的思想是麻木的，是闭目塞听的，是固守自封的，那么国家如何能强盛？泰戈尔在用他的诗去鞭策人们思考、进步，以笔为刃，破旧立新，他是真的勇士。

太阳只穿一件朴素的光衣

> 太阳只穿一件朴素的光衣。白云却披了灿烂的裙裾。
>
> ——泰戈尔《飞鸟集》

泰戈尔的"大仙"父亲认为,一个男人要承担起自己的责任,所以不管儿子在文学领域获得多少荣耀,也要以家庭为重。泰戈尔被父亲"发配"到庄园去学着管理俗务了。家族的庄园是祖传的,在孟加拉东北部地区和奥利萨,也就是现在的孟加拉国境内。

诗人是一个到哪里都能沉浸在幻想之中的人,于是他想象自己坐着乡下的牛车,优哉游哉地观察乡间风景。然而到了那里他才知道,俗务为什么称之为俗务,起初俗事缠身的他根本没时间在外闲逛。住在恒河的船屋上,他终日为了维护家族与佃户之间的关系而繁忙,照顾田产可不是一件简单的事情,利益的驱动更见人性本色。

最初,他是十分抗拒这份工作的,但是为了职责,日复一日,不懈努力,他开始感谢父亲的决定,从事这个工作让他得到了很好的锻炼,他接触了各色人等,也逐渐成熟起来。随着工作上的游刃有余,他开始观察农村的大自然,这是诗歌创作的源泉。

在这里,他第一次接触典型的农村人,了解了平民的真实生活状态。他看到他们每日为了生活而劳作,也看到他们同大自然抗争,他们还要在贵族的剥削和外国势力的夹缝中艰难地生存。看清楚了这些,无疑对他的创作有很大帮助,他能够成为小说家,能够揭露社会问题,能够为国家的进步而谋求发展,正是这些经历为他提供了坚实的创作基础。

泰戈尔巨大的同情心、恻隐之心在这段时间日益加深,从他给侄女的信中就可以看出。他很喜欢写信,不为发表,只是单纯地写信让他运笔时更加自由。从信中我们看到了他对孟加拉平民的观察,也窥见了他在那段时间的思想变化。后来,这些书信还是以"碎叶"为名出版了。

泰戈尔喜欢研究两大要素:空间和流动,在这里他都能看到。仰望天空,俯视大地和聆听大海,他都可以感受到一种仿佛来自天界的召唤,他喜欢对大自然空间进行探索和思考。他在一封信中写过他的一次思考过程,那是一个傍晚,他在读一本关于艺术与美学方面的英文书,他费力地理解那种艺术的深奥定义,觉得真的很难、很沮丧,于是他吹熄灯火想要早点睡觉休息。躺在床上,他看到一束皎洁的月光从窗外射入屋中,十分美好,于是他抬头去看天上的星星,突然他有所感悟,一盏小小的灯火就能把眼前的一幕遮住,让人看不到大自然的美好,人啊,到底在追求什么?有意义吗？或者说"意义"这种东西有意义吗？窗外的天空就在那里，答案就在那里，为什么人总是要从书本上去感受世界，要从别人的嘴里去听到世界呢？大自然就是最好的答案呀！

一盏灯火，可以点亮一座房子，而太阳却能照耀万物。"太阳只穿一件朴素的光衣。白云却披了灿烂的裙裾。"这句诗被收录在《飞鸟集》中。诗中描写太阳发出万丈光芒，朴素的白光照耀一切，而白云只因少许太阳之光，就披上了灿烂的霞光。人类，想要了解太阳，别让霞光溢彩迷了眼。真理之路，就在大自然之中。

在另一封给侄女的信中，他也是描写一个月夜。他在恒河边走着，和身旁负责田产的一个管事聊天。管事亲切地关心他的饮食起居，在管事离开后，他感觉万物陷入一片宁静之中。他觉得在这样夜深人静的时候谈食物这种话题是多么庸俗！但是从古至今又有谁能够不吃东西呢？人的心灵和胃同在肚子里面。他看着月光照耀下的田庄，种满粮食的大地，这片土地是泰戈尔家族的财产，但是钱财于人来说到底是什么？也许就和这月光一样，只是一片幻影，迷惑着人心，人只不过是处于名叫"活着"的状态而已，一日三餐也是为了活着。

泰戈尔时常回加尔各答看妻儿，也是在这段时间，他开始为新杂志《实践》撰文。《实践》是继《婆罗蒂》月刊之后发行的新的文学月刊，并完全取代了《婆罗蒂》，由泰戈尔的侄子任主编，泰戈尔继续供稿发文。在这份杂志四年的历史中，每一期都有泰戈尔的作品，诗歌、小说、戏剧、散文和社会评论，不拘泥于形式，泰戈尔以多种形式诠释生活，上下求索，引领文学之路。

1891年，他创作了《齐德拉》，这是一部优秀的诗剧，取材于印度史诗《摩诃婆罗多》一书中的一段故事，在第二年出版发行。抒情的诗剧，描写了齐德拉公主的故事。这部诗剧创作于春季，字里行间洋溢着春的气息，印度的春天相比夏天来说更加舒适，而感官的舒适会让人更加欢愉，陶醉在春日的美好中，他的笔下也带着春的喜悦。

在诗剧中，春天就是一个角色，被命名为春神。但是泰戈尔的描写不是基于季节的变换来写人的思想或者情感的变换，而是跳出人的思维从一个更高的角度去创作。他将哲学融入其中，反映出人和自然的和谐相处，自然也是这部诗剧中的一个积极角色。爱、美、关系、永恒，这些关键词都反映在这部诗剧中。

这部诗剧非常经典，是后人评说没有瑕疵的诗剧之一，泰戈尔的诗剧虽好，但也不是绝对完美。人们都希望这部诗剧能更长一些，相信这是对一部好剧最好的赞美了。

日后，在泰戈尔75岁的时候，他曾经将这部诗剧进行二次创作和修改，让这部诗剧更臻完美，而且也更适合以印度歌舞来表现。艺术之路，永无止境。

第七章 入世之人

当我们热爱这个世界时

当我们热爱这个世界时，才真正活在这个世界上。

——泰戈尔《飞鸟集》

泰戈尔出身婆罗门贵族，是诗人、大文学家，同时也是真正拥有大智慧之人。在乡村管理田产的那段日子，他和那些普普通通的平民接触很多。他平易近人，从不嫌弃周遭的平民，也没有厌恶他们的愚昧、无知和迷信，更加没有对他们怀有任何不敬。相反，他越来越爱这些可爱的平民，在那些朴实、憨厚的面孔背后，他看到了人性最动人的光辉，那是只有在劳作的劳动人民身上才有的光芒。

1891年的一封家信中，他写了自己看到的一幕乡村景象。农人把收割的稻米一捆捆地码放整齐，到傍晚收工的时候，农人就扛起一捆稻米举到头顶，然后快速地往家里跑去，牛也跟着回家的人往回走，不时地甩着尾巴。不一会，天空飘来一朵雨云，雨水倾盆而至，狂风掀动竹林，时而向东，时而向西。

另一封家书中，他描写了宁静祥和的大自然景象。河边拴着一艘小船，河岸边的草丛里不知是什么散发着清香的味道，大地也散发出泥土的芬芳，生机勃勃的大地爱抚着人们，让人们在呼吸之间感受大自然的温暖。

信是泰戈尔写给侄女的，没人会在给自家侄女的信里面胡乱编故事，那些信的内容必然是他眼中所见、心中所感。让人惊奇的是，在别人眼中那些朴素的景象，到了他的眼里好像是另一个世界，他像是被看到的美景震惊了，他写的那些信，其实就是在老老实实地把那些惊人的美丽描述出来，即便是在所有人眼中非常平常的风景，在他眼中也散发着别样的风采，也许这就是他是天才诗人的原因。

1894年，他在信中写了两头大象。这两头大象，在河边吃草、喝水和沐浴。吃草的时候，大象先是用鼻子卷起草的上部，然后突然发力扯起整块草皮，再灵巧地用鼻子卷着这块连草带泥的草皮甩动，直到上面没有了泥土，才享受这份美食。沐浴的时候，它们先在河水中用鼻子吸水，然后像个小喷头一样给自己身上喷水，它们欢快地玩耍着。

泰戈尔还描写过吉卜赛人的营地，这是一个四海为家的民族，他们无忧无虑地带着孩子和猎狗流浪，但是警察会在他们出现在辖区的时候监视着。泰戈尔觉得他们不像坏人，皮肤黝黑而有光泽，看上去体格强壮。妇女都身材苗条，非常美丽，洒脱爱笑，神情中带着一份不羁，与印度妇女不同，她们像是变黑的英国妇女。

不论是贫苦的农民，还是漂泊的吉卜赛人，在泰戈尔眼里他们是与山川大河一样的，都唤起了他的大爱，是爱让他去思考这些人是怎样孤立无援，是如何陷入悲惨困境，又是如何坚强地生活下来，他看着一切，不是虚伪、客套或者伪善，而是怀着一种慈悲心。

泰戈尔在信中曾经写道："我的心一直为自己庄园上的农民所感动，进而产生同情。他们是受命运摆布的淳朴而又羸弱的孩子。必须把食物送到他们的嘴里，不然他们只能饿毙。当大地母亲的乳房干瘪时，他们只能哭喊。饥饿稍许缓和些，他们就忘掉一切。我不知道，以平等方式把大地的恩赐分配给大地的所有儿子的社会主义理想能否实现，但倘若这样一个理想完全不能实现，那么我必须说，支配人类命运的法则实在太残酷了，而人也真是一种不幸的生物。

如果苦难必须在这个世界上存在，那就让它存在吧！但总该在什么地方留有透气孔，总有某些改变的可能性，以促使人类中的优秀分子不停地努力，燃起他们心中不灭的希望明灯。有些人断言，给人类中最微贱者提供最低限度的衣食之需的时日是永远也不会到来的，那他们做出的预言实在是太冷酷无情了。"

泰戈尔总是热情地接待来访的农民，尤其是那些年龄非常大的人，泰戈尔觉得他们就像是老小孩儿一样，可爱而淳朴，他们总是发自内心地表达感情，时光的砥砺，让他们衰老的身体散发出温和的光芒。

　　泰戈尔帮助这些人自食其力，让他们都参与到集体农业的工作中去，尽管那个时期很多事还是外国人有话语权，但是他已经在自己的庄园实行改革。在引导人民自助和启蒙人民思想两个原则上，泰格尔进行了农业发展的实验，比甘地还早20年，他不是光喊口号的人，而是实干的社会改革家。

　　在泰戈尔眼中，太多所谓的杰出人物在思想的天空里翱翔，就像远离地面的白云一样。如果这些白云不能化为杨枝甘露，那么再好的想法，也没有意义。"你积累的全部思想，你灿烂的知识财富，所有这一切都应该是我的，把一切属于我的东西还给我吧！请给我以训练，以便我可以全部吸收它们，你所给予的一切，我会加倍奉还于你。"泰戈尔的声音响彻世界，这不单是一个诗人的心声，更是一个政治家的呐喊声，一个印度首屈一指的知识分子的呼声。

　　泰戈尔把他看到的、想到的、做出的这些东西都写到了诗中，用高度凝练的语言去表达思想。"当我们热爱这个世界时，才真正活在这个世界上。"这是泰戈尔《飞鸟集》中的一句诗。世界就像一面镜子，当你热爱这个世界的时候，世界反射给你的就是善，让你活在温暖与和谐之中。

　　生命中，有了爱的存在，就有了对爱的渴望，才会去追求更美好的生活，有了爱的付出，才懂得奉献，至此，才能实现个体生命的价值。爱就是我们活下去的精神条件，只有爱才能让人感受到生命中的真实与美好。

你肯挟跛足的泥沙而俱下吗

> 跳舞着的流水呀,在你途中的泥沙,要求你的歌声,你的流动呢。你肯挟跛足的泥沙而俱下吗?
>
> ——泰戈尔《飞鸟集》

从1890年开始,泰戈尔就始终关心农民的问题,50年中他利用自己有限的资源为改善农民生活做了很多事。

他先是在自己庄园以及那些他能够干预的地方帮助农民。他盖学校、建医院、挖池塘、成立银行、修桥铺路,做所有利国利民的事情,他还成立合作社和农村银行,在农村实行一种区域自治的新制度,这就有效地保护了农民的利益,让无知的农民免受高利贷者的敲诈,也不必看律师的脸色了,在他的运作下,一切都步入正轨。1913年,他获得了诺贝尔奖金,他将这笔钱存入他早年创办的农业银行中，成立基金，用于学校教育，这样农民可以在这里获得很低利息的贷款，而学校也有了资金，从而让师资力量更加强大。

泰戈尔非常重视对儿子的教育，在罗梯到上大学的年龄时，在选学校、选专业上，他左右斟酌、精挑细选。那个年代，更多的贵族家庭都把孩子送到牛津大学或者剑桥大学读书，这是印度上流社会的普遍观点，并且时至今日依然如此。泰戈尔最后选择了美国名校伊利诺伊大学，让罗梯学习农业科学。

在当时的年代，美国的国力包括各方面都是不如英国的，至少对印度人来说还是没有多少吸引力的。大多数人对于美国这个移民国家有一种偏见，就和国人看待暴发户的眼光差不多。再看看如今的美国，足见泰戈尔是多么有远见的人。

泰戈尔认为孩子去大学学习的应该是科学知识，是能够应用的东西，而纵观全印度，九成人是以土地为生的，所以他希望儿子去学习农业知识，而不希望他成为一个五谷不分的"完美绅士"。同儿子一起去美国学习的，还有他的女婿和一个朋友家的孩子，三个孩子就这样一起去了美国。当罗梯学成归来后，泰戈尔安排儿子进入家中庄园工作，让他展示在美国学习的各种农业技术和方法。他还专门开了一个小型农场，让儿子放开手去干，去研究能够在当地种植的新作物。

有一个纽约来的律师碰巧知道了，就来参观了一番，夸赞这里是一个很棒的美国式农场。农场还引进了最新的拖拉机，当地人好奇地围观这个机器"怪兽"，然后看到了这是一个十分有效率的机器，于是租用拖拉机的人越来越多，而泰戈尔家族也就顺势引进了更多的拖拉机和农用设备。印度的问题很多，不是简单的新农业技

术就能解决的，日益增长的人口压力像座大山一样压着人们

泰戈尔是一位伟大的诗人，但同时也是一位实业家，他像许多管理者一样，管理手下的工人和农民，不同的是，他是在用心为人民谋福祉，而资本主义的老板却是在谋私利。

从泰戈尔给儿子写的信中可以看到，他始终在思考什么是可以教给这里的农民的，以便让他们利用闲暇时间去创造更多价值，改善生活。这里只能种水稻，别的东西都不长。这里的土太硬了，如果能做陶器就好了。授人以鱼不如授人以渔，他将农民组织起来，教他们自行成立协会，让他们能够自己安排河道清理、修桥铺路等集体事宜，发生纠纷也能够通过协会仲裁，还可以建立学校，造福后代。

"世界上使社会变得伟大的人，正是那些有勇气在生活中尝试和解决人生新问题的人！"作为一名地主，他仁慈地关心着农民，作为一名诗人，他用心感受生活。他看着那些普普通通的人，他们都在为家人而努力，因为无知他们常常不知道自己在受苦，更谈不上为自己维权，也不知道怎么改变这些，是泰戈尔帮助了他们。为农民谋福利中，他保持创新，在文学创作中他同样是在创新。

泰戈尔非常擅长在细微的生活中找到伟大，他能够在普通人中找到自己的创作题材，他创作了无数的诗歌、小说、戏剧和散文。在这些领域中，他也是先行者，他不断摸索前进，他写的很多作品在印度文学史中开创先河。他不是超越了任何人，他是在超越自己，因为没有人能超过他。

"跳舞着的流水呀，在你途中的泥沙，要求你的歌声，你的流

动呢。你肯挟跛足的泥沙而俱下吗？"这首诗收录在《飞鸟集》中，泰戈尔轻声地问。

跳舞，是欢快和欢乐的，清澈的流水在流动，而泥沙希望流水带着它一起走。那流水愿意带着这些沉重的负担吗？泥沙走不快，而且带着泥沙会让清水变得污浊。但是流水还是带上了泥沙，这是为什么呢？试想一下，一股流水如何能成长为大河？孕育大河的就是河床啊！而河床就是由那些泥沙构成的，所以一眼清泉能够流成大河就是因为它曾经"挟跛足的泥沙而俱下"。

农民，或者说那些印度的下层人，就是诗中的泥沙，而泰戈尔是一位高高在上的贵族，如同高山清泉一般清澈、圣洁。

泰戈尔他肯带着泥沙，他愿意背负这些责任，他对人民是有爱意的，投桃报李，泥沙铺就了泰戈尔前进的道路。如果流水不肯携带泥沙，那么很多因素会导致流水干涸，流水自己也走不远。

中国历史上有一个故事，异曲同工，这是一个非常典型的例子。刘备在逃亡的时候，没有带着兵自己逃跑，而是带着百姓一起走。那些百姓就是"跛足的泥沙"，这件事也为他能够取得三分天下打下了基础。

一线镇定而纯洁之光

> 我的孩子,让你的生命到他们当中去,如一线镇定而纯洁之光,使他们愉悦而沉默。
>
> ——泰戈尔《孩子的天使》

古老而神秘的恒河,从喜马拉雅山流淌而下,沿岸水草丰美,养育了一代又一代的印度人。住在恒河边的这段日子,终日为家族中事而忙碌的泰戈尔,依然不忘记收集写作素材,他洞察周围的一切,那些人、事、物成为创作的碎片,点点滴滴成就了伟大的泰戈尔。

泰戈尔常常在河边散步,他看到河边古老的埠头,一级又一级的石阶伸向水中,附近村子里的人都来河边沐浴,男女老少都有,形形色色的人在这里一起沐浴、聊天。青石苔藓被时光染绿,他不禁想到,这些青石苔藓见证了多少辈人的生活啊!世界上的生命形式很多，如果石头有生命，那必能讲出更多的往事。

泰戈尔在少年时期，曾经在莫卧儿时代的古代宫殿中住过一阵子，那时候看着那些斑驳的青石台阶，他也有过这种幻想。如果石头真的有生命，那么在石头漫长的生命来看，人类的生命真是太短暂了。

由此为创作题材，泰戈尔写出了《饥饿的石头》，这是著名的短篇小说集，书中有一个名为"河边的石阶"的故事。一个天真的小姑娘，经常来河边玩。

古老的石阶被泰戈尔用拟人的手法赋予了思想和生命，"迷人的小女孩儿，当她美妙的身影投射水中，我常在想要是能把影子永远留在我的石上就好了。当她的小脚踩上石阶，石上的苔藓都兴奋起来。"小女孩儿的名字叫古苏姆，喜欢到水边玩儿，突然有一天，小女孩儿不再来了。后来，从其他小女孩儿的口中，石阶听到了古苏姆的下落，原来她嫁到外村了。

时光飞逝，有一天石阶突然感到小女孩儿回来了，他感到自己在兴奋地颤抖，那是只有小女孩儿才能带给他的熟悉的感觉。古苏姆回到了儿时故乡，因为她成了一名寡妇，美丽的少妇没有再嫁，独自生活着。一天，一位苦行僧来到这个地方，暂住在河边的庙中，这位僧人身材修长、眉目英俊，引得众多妇女瞩目，大家常常在河边沐浴的时候谈起他。石阶默默地听着。

古苏姆在河边独坐的时候，认识了苦行僧，于是每天来听苦行僧诵经传教，渐渐地，古苏姆生出了爱慕之心，为了避嫌而不再去见苦行僧。苦行僧得知后，就离开了村子。古苏姆最后一次走过石阶，扑通一声，一个生命就这样消逝了。

在泰戈尔的笔下，万物有灵，如石头这种没有任何生命特征的东西也有了一丝灵气，故事中将大自然和石头这种无生命的物体都赋予了生命，渲染出了一种独一无二的氛围，让人对自然有所敬畏。

在《大路》中，泰戈尔以相同的笔法创作，将"路"作为小说的主体，讲述不言不语的"路"所看到的一切，还有路的想法、内心的渴望以及无望的爱情。通常爱情故事的主体是成年男女，但是泰戈尔描写的却是更小一些的男孩儿和女孩儿。以孩子为对象，将他们不成熟的心灵展示在大家面前，那是带着不理智的真，在他的小说中，成年人总被描写得可怜又可悲，心地善良的角色，还能有好些的结果，如果是邪恶的人，那一定不会有好下场。

泰戈尔眼中的女性，都是美丽而值得同情的，甚至有些是值得钦佩的，而对印度男人他却有着截然不同的观念，也许他就是不喜欢自己民族的男人吧。此外，他的小说非常注意描写人物的情绪，渲染气氛，他是一位抒情的天才。

一个邮局局长从城里来了，邮局就设立在庄园的办公楼里，有时候这个局长会去找泰戈尔聊天，于是，泰戈尔了解到这是一个受过教育的青年，他对周围的环境感到厌倦，这个局长也好奇地想知道泰戈尔是怎么生活的，他们都对彼此的生活感到新奇，相谈甚欢。通过交谈，泰戈尔敏感的心灵受到了一些启示，于是写出了短篇小说《邮局局长》。

小说中的主角就是以现实中这个邮局局长为原型创作的，一个城里长大的青年，在一个贫穷和疾病横行的村子中当邮局局长。他找了一个姑娘帮忙洗衣做饭，日子寂寥，他就常常在晚饭后和姑娘聊天，他还教那个姑娘读书写字，这个姑娘感受到了关心和照顾，于是迷恋上了主人，在主人生病卧床不起的时候，她悉心照料，帮他恢复健康。但是这个邮局局长却没有回应这份感情，病好之后就提出了辞职，准备去加尔各答。这个姑娘舍不得离开他，就提出愿意一起走，却被无情地拒绝了。

一个城里长大的人到乡下来，这本身就是一个传奇了。这个姑娘是天真的，爱情会让她忘却现实，而现实会告诉她现实的残酷。除却爱情，泰戈尔也写过一篇关于父爱的小说，名叫"喀布尔人"。

一些高大强壮的异乡人出现在城里，当地人非常害怕这些人，他们被通称为"喀布尔人"，因为他们身材强壮，动作粗鲁，动辄打架，还有的人会拐走孩子。泰戈尔没有带着有色眼镜去看这些人，他们毕竟是背井离乡的可怜人，如果是在家里生活无忧的人，何必到这么远的地方来走街串巷地讨生活呢，他们也是人，必定也有爱人孩子。于是这部《喀布尔人》就这样写出来了。

故事中，从阿富汗来了一个中年大汉，这个举止粗野的喀布尔人，是一名街头商贩。这个穷苦人无意中认识了一个5岁的小女孩儿敏尼，小女孩儿的父亲是一位富有的作家。每当喀布尔人看到小女孩儿，总是会想起远方家中的小女儿。于是他就带着对女儿的爱，去爱着眼前这个有钱人家的小女孩儿，这种爱超越了种族和社会偏见，是单纯的父爱。

作家对于喀布尔人接近自己的女儿，从一开始的疑虑、排斥，转变为放心、理解，就这样，一个是目不识丁的穷汉子，一个是家庭富裕的大作家，伟大、深沉的父爱没有因为阶层的不同而有所不同，作家甚至出钱资助喀布尔人回乡，这是父爱的升华，由对喀布尔人的感情的认同，进而升华至对他人的爱，这是爱的更高层次——爱他人、爱世界。

这首泰戈尔的诗《孩子的天使》通过对成人和孩子两个世界的描写揭示了人生哲理。

"他们喧哗争斗，他们怀疑失望，他们辩论而没有结果。"这是一幅成人世界的情景，人们的心灵被污染，被物质欲望驱使而疑虑丛生，人云亦云地无意义争论着，人与人之间无信任可言。

"我的孩子，让你的生命到他们当中去，如一线镇定而纯洁之光，使他们愉悦而沉默。"孩子是纯洁的，天真可爱的小孩子，让人们感受到美，是孩子的真诚笑脸让喀布尔人忘记身份，超越了种种障碍和偏见，激发了真挚的感情，是孩子的至真至纯扫除了人与人之间的隔阂，填平阶层之间巨大的沟壑。

熔化欲念的金子

> 我每天都熔化欲念的金子，为你转瞬即逝的娱乐，铸成一尊新的偶像。
>
> ——泰戈尔《生命之神》

泰戈尔爱生活，生活的奥秘吸引着他。他看着人间万象，有残酷污浊，也有生机勃勃，他对万事万物都感到亲近，他将一切生命体与无生命体联系在一起，用一种神秘主义的眼光去觉知。

泰戈尔写过诗歌、戏剧、散文和小说等，而在各种文体中他最爱写诗。因为诗需要用高度凝练的语言去表达，最能将他丰富的情感表现出来，而且能反映出社会生活中的一切，独特的韵律让人在舌尖和心头辗转品味。

泰戈尔曾经说过："写一首诗得到的快乐，远超写一摞散文的快乐,如果每天都写一首诗,该多快乐。"事实上,他就是这样做的。从1894年到1900年,7年中,他发表了7部经典诗集,其间他也始终在写其他文体的作品。也许表现形式不是重要的,重要的是所要传达的思想。

1894年,泰戈尔发表了诗集《黄金船》。在一个乌云翻滚的雨天,诗人坐在泥泞田间,俯视着河水,天空中电闪雷鸣,一只黄金船在雨中闪现,诗人远远地望着雨幕中的黄金船,船上的舵手在雨中掌舵,待到了近处,舵手将早就收割好的庄稼装上船,黄金船再度起航,谁也不知道这船要开向何方,独留诗人坐在原地。

这个诗集在学术界曾经引发一场争论,黄金船、庄稼和舵手代表着什么?泰戈尔本人给出了解释,黄金船象征人生,装载的庄稼就是人生的收获,在时间的长河中前进。而诗集的最后,黄金船又出现了,诗人也被接到船上了,而舵手就是他的守护之神,是他的缪斯,诗人问她要带他去哪里,她但笑不语手指远方,而远方只能看见夕阳西下的地平线。

《黄金船》的手稿至今仍然保存在桑蒂尼盖登的泰戈尔博物馆中。

1896年,泰戈尔的《缤纷集》出版了,很多读者和学者都认为,这是他这一时期最优秀的诗集,其中很多诗都是巅峰之作。诗集中的第一首诗就开宗明义,表达主旨。诗人在呼唤大自然,呼唤着全宇宙,以宇宙精神为基础,通过无数形象显示出来。虽然精神没有实体,但还是可以通过种种声音、景象和色彩来展现。就像是风,没有人看到过风,但是风吹动杨柳的时候,人们就知道风在那里了。

宇宙精神是一种想象出的最高存在，如果你信奉基督教，那就是指耶稣，如果你信奉佛教，那就是指释迦牟尼，总之不管是什么，它就是代表着一个无形的精神。更有各种教徒、学者、哲学家和诗人努力为之塑造形象，为了让人们更直观地去理解而将其具象化，这些是世世代代的人努力的方向。虽然不同地区的人塑造出来的形象不同，但是总有一些共性，即都是在宣扬真善美，追求心灵的开悟。

《生命之神》就是泰戈尔描写神灵方面的代表性诗作之一。"噢！我内心深处的所在，你进入我内心之后，我就能解除你的干渴。我将压榨自己的心，犹如机器中被压碎的葡萄，用千千万万条欢乐和悲哀的水柱，斟满你的杯子。用多少色彩和温馨，用多少曲调和韵律，组成你的纯洁的园圃。我每天都熔化欲念的金子，为你转瞬即逝的娱乐，铸成一尊新的偶像。"这描写的是梵我合一的境界。对于神，泰戈尔是虔诚的，诗中自然地流露出东方文化的神秘与韵味。

泰戈尔的高明之处在于，他能够在一般诗人思路停滞的地方，更进一步地进入"觉知"的境界，进入"入神"之境。他把神灵以人格化的笔法描述出来，包括神的行迹、心理和对人的指引。

还是在1896年，泰戈尔的诗集《收获集》出版了，当时正是人们收割水稻的季节，应时应景。这本诗集中的诗都是短小的诗，大多为语言朴实的十四行诗，也没有更多的尝试，诗将他的所见所闻描绘出来，也有些瞬间的感悟。

在河边，他描写美丽的姑娘在洗涮水罐；在田野，他描绘收工的农人走上归途；在村口，他勾勒出蹒跚而行的老者在悠闲散步；还有嬉闹的孩子，浑身是泥的水牛，那些景象是如此平凡而又珍贵。晨光中，暮色里，他不停地写诗，数量惊人，范围广泛，几乎没有哪个主题是他没写过的。

从大处着眼，他写过《英国人的恐怖》。这是一篇非常尖锐的文章，文中指出英国政府为了达到其政治目的，挑拨印度教徒与伊斯兰教徒之间的关系，加深双方的矛盾，从而分裂印度，或者说推迟印度独立的进程。甘地主张的很多思想，泰戈尔都曾经在作品中提过。

从小处入手，他写过非常具有乡土气的小诗。那是在1899年，他写了一首未曾出版的诗，从他为诗取名为"碎屑"就可以看出来，他并不重视这首诗。但是，任何读了这首诗的人都会从中受到启示。

"犁把儿哭着说：'犁头兄弟，自从咱俩在一起，我就陷入灾难中。'犁头说：'兄弟，那我立刻走！你悠闲地在家吧！'犁头脱离了犁把儿。犁把儿欣喜若狂地在家待着，无所事事。农民说"只有犁把儿有什么用？"于是打算把它劈了，当柴火烧掉。这时候梨把儿立刻去央求犁头：'兄弟，你快回来！干活总比被烧了好。'"

一篇小小的寓言诗，用非常朴实的话写出来，却非常有味道、有内涵，让人有一种说不出的喜欢，读着读着，心里会叹气。也许，这就是大巧若拙。

第八章 有信仰才有指引

神对于那些大帝国会感到厌恶

> 神对于那些大帝国会感到厌恶,却决不会厌恶那小小的花朵。
>
> ——泰戈尔《飞鸟集》

从1898年开始,印度宗教民族主义陷入寒冬,遭遇了英国势力的无情扼杀,政府预备通过"反煽动法案"来制约民众,并抓捕了在印度民族主义运动中非常有威望的领导者之一提拉克。泰戈尔立刻挺身而战,燃起一团革命的烈火。就在法案宣布通过的前一天,他在公众集会上宣读了《无声的抗议》这一战斗檄文,为民众发声。随后,他身先士卒,积极参与援助提拉克的募捐活动。

人祸未平,天灾又起。就在几天之后,加尔各答陷入更大的灾难之中,恐怖的鼠疫在迅速蔓延,无数人失去了生命。一位名叫玛格蕾特·若布尔的爱尔兰修女建立了医疗救助组织，泰戈尔也加入到这个队伍中。

泰戈尔曾在诗中写道："神对于那些大帝国会感到厌恶，却决不会厌恶那小小的花朵。"英国虽然强大，但是如果不站在正义、公理之下，没有为人民带来自由和民主，没有给民众该得到权利，也没有相互之间的爱，又有什么美好之处？必然是让神都感到厌恶的所在。而花朵虽然纤弱却是纯洁美好的，芳香四溢，一定会得到神的爱怜。

舆论会受到当权者的左右，而普通民众如果长期遭受愚民的教育，必然会善恶不辨。这一时期的泰戈尔，在投身政治革命的同时，依然坚持文学创作，以"爱国主义和民族主义"为写作方向，他创作了《民谣》和《故事》两部作品。

这两部作品以叙事诗为主，同时也是可以演出的诗剧，其中包括了很多改编的历史寓言故事。泰戈尔研读了由古印度教徒编写的故事集《佛本生经》，考证古印度部落拉其普特人和锡克人的英雄传说，参考了很多历史故事，所以这两部作品是最能反映印度民族特性的，是印度道德的体现，是具有很高价值的精神遗产。泰戈尔没有单独提倡印度教，而是将所有印度人民的优秀民族传统传承下来，这才是印度精神的体现。

两部作品赢得了广大人民的喜爱，作品中没有伤感情怀与冒险自大，更没有空洞的口号，只有谦卑、真理和大爱。

从一篇名为"卡尔纳和甘迪"的作品中，可以看出诗人这一时期是在不断进行探索的。这是一个锡克教中的故事，一个爱炫耀的锡克教徒来到祖师跟前，献上了金光闪闪的镯子，镯子上镶嵌了昂贵的珠宝。祖师将镯子接到手中，故意将其中一只掉在河里，这个教徒立刻纵身跳入河中，可惜的是没有捞到镯子。他问祖师："刚才镯子是在哪里掉下去的？"祖师闻言，将第二只镯子也扔到河中，告诉他就是那里。

这个教徒被金银珠宝迷失了本性，金镯子禁锢了他的思想，欲望缠身，即便他将镯子献给了祖师，依旧没有放下，是为我执。

还有一个佛陀的故事。年轻的和尚乌帕古帕特，有一天在城外的树下休息，突然感到被什么东西踢了一下，原来是一个美丽的舞娘，这个美丽的舞娘在夜色中赶路，没有看到和尚，于是就被绊倒了。舞娘在皎洁的月光中看到了一个风度翩翩的和尚，不禁春心荡漾，于是求和尚去她家中住宿。

和尚回答说："美丽的姑娘，现在机缘不到，你还是走吧，日后我会在机缘到的时候去找你。"过了几天，和尚再次途径这个地方，看到一个可怜的女子昏倒在路边，原来，当初的舞娘染上了天花，而城里的人害怕被传染就将她抬出城，任她自生自灭。和尚将舞娘抱在怀中，喂她喝上清水，并且用药油擦遍全身，开始为她念诵健康咒，舞娘渐渐恢复了知觉。舞娘问："感谢您的仁慈，您是谁？"和尚回答说："我是来实现诺言的人。"

舞娘之爱，是男女之情，只是小爱；和尚之爱，是对这个世界宇宙万物的爱，是为大爱。

在名为"轻微的损害"一诗里，泰戈尔讲了一个王后的故事。迦尸国是印度古国，属印度16大国之一，以出产竹子而闻名。

有一天，迦尸国的王后到恒河沐浴，那一天特别冷，于是沐浴过后的王后想要以火取暖，便命令宫女将河边的茅草屋烧了。而茅草屋的主人看到自己的家在大火中消失，非常痛心，于是就到国王的面前哭诉。国王召来王后对峙，谁知道王后却说："这只是一个轻微的损害。"国王大怒，斥责道："你为了自己片刻的舒适，就毁了人家的茅草屋，造成人家多大的损失！"于是国王剥夺了王后的资格，将其贬为庶民，赶到街上，下令她只有用乞讨得来的钱将村人的茅屋屋修好，才可以回来当王后。

狂妄自大的王后自私自利，毫无一国之后的谦卑，更无爱民之心，这样的当权者只会让人憎恶，水能载舟亦能覆舟，如果国王没有惩罚她，那么这个国家必将动荡不安，走向灭亡的道路。

泰戈尔用诗剧的形式，让真正的英雄扬名四海，让道德的光芒照耀人心。

心灵是受你的指引

在那里,心灵是受你的指引,走向那不断放宽的思想与行为——进入那自由的天国,我的父啊,让我的国家觉醒起来吧。

——泰戈尔《吉檀迦利》

芸芸众生,活在这个世界上,最好要有所信仰,这种信仰可以救赎内心。比如信佛、信神或者崇拜偶像,这种信仰一定是可以和一切对峙的,这样才能让小我变得卑微进取,在这种信仰之中,人得到救赎。

有一天,泰戈尔看到一座废弃的寺庙,内心突然涌起了一些对神明的新的看法。他立刻把这些写出来,后来这个故事就收录在泰戈尔最著名的诗集《吉檀迦利》中。"破庙里的神啊!七弦琴的断线不再弹唱赞美你的诗歌。晚钟也不再宣告礼拜你的时间。你周围的空气是寂静的。流荡的春风来到你荒凉的居所。它带来了香花的消息——就是那素日供养你的香花，现在却无人来呈献了。你的礼拜者，那些漂泊的惯旅，永远在企望那还未得到的恩典。黄昏来到，灯光明灭于尘影之中，他困乏地带着饥饿的心回到这破庙里来。"

破庙中的神，曾经是古印度人的信仰和救赎，但是沧海桑田，时过境迁，如今的人们不该盲目地迷信神灵，萧索的破庙已经说明事实。他既是描写神和寺庙，又不是描写神和寺庙，而是将其中内涵进行一种形象化的表达。

从1900年开始，泰戈尔连续出版了《梦幻》《瞬间》《祭品》三部诗集，作品继承和发展了印度传统文化，将古代印度传统文化弃其糟粕，取其精华，同时注入新的思想，糅合他本人的哲学思想与人道主义精神，重新诠释出独特的印度道德文化精神。

在这些优美的作品中，泰戈尔用他的奇思和妙笔，诉说多彩的情感，每一部诗集都是一个里程碑，也堪称印度文学史上的里程碑，他用诗来点亮人的心灵，警醒世人。

在《梦幻》诗集的第一首诗中，泰戈尔将他对社会的黑暗、人民的穷困的感受写出来，再以鼓舞人心、激励士气的口吻来号召人们站起来。"黄昏徐徐降落，所有声浪都凝滞住，无垠的苍穹里没有一个同伴，疲惫席卷全身。巨大的恐惧默默地坐着念咒，黑暗的帷幕笼罩在四面八方。而我的鸟儿，噢，我盲目的鸟儿，噢，疯子，你现在不要停止自己的振翼！"

这些诗句激荡在人的脑海中，碰触着人的内心，唤醒了那些愚昧无知的人，"无垠的苍穹里没有一个同伴"，诗人迫切希望更多敢于反抗的勇士能够看到他的诗，进而知道自己不是孤军奋战，即便就剩自己一个人，也"不要停止自己的振翼"。诗人在呐喊，让仁人志士感到欢欣鼓舞，一起振动翅膀，刮起一片摧枯拉朽的风潮，让这个世界迎接新的曙光。

泰戈尔具有至真至纯的爱，一颗无拘无束的心，却因为国之不国而陷入灰暗，但他有大爱，所以不停思索何以救国救民，他的诗在原本最爱描写自然的基础上，又增添了许多启迪未来的诗作。

"我把自己的心献给这个世界，你却亲自来收拾它；我探寻悲哀变换成快乐之路，你已使痛苦变为幸福。" 泰戈尔很少直接用"神"这个字，他多数情况都是用"你""他"等称谓来代替，所以他的诗，有一些很难解释，或者说从很多方面去理解都说得通，内涵的多意性正是他的诗的妙处所在。

1900年，诗人已经40岁了，他将新诗集命名为"瞬间"，瞬间的意思就是刹那，描写时间流逝得非常快。泰戈尔要表达的含义是每一瞬间都包含着无穷的变化。这本诗集中，他非常注重口语化的语言表达，用那些略带讽刺意味的词语表意，推进了诗歌文化的进程，堪称一场文化的革新。这些从普通百姓中吸取的语言表达元素，经过他的加工提炼，出现在经典艺术作品之中，体现出诗人的民主主义思想。诗集中有一些诗，后来也被翻译成英文，收录在《园丁集》中。

这些取之于民的冷嘲热讽式的创作，情感太过尖锐，他在同一年所出的另一部作品《祭品》与之截然不同，这两部作品的差别就像是黑与白的差异。在印度语中，吉檀迦利意为"献歌"，吉檀迦利就是给神的献歌，《祭品》中的很多诗，后来被翻译成英文，收录在《吉檀迦利》中。

《瞬间》中，描写了一个成天嘻嘻哈哈的流浪汉，而在《祭品》中，流浪汉摇身一变就成了虔诚信教的教徒，并且还为人类承担着巨大的责任。要知道责任这种东西，是不可能在别人的压制下背负的，只有愿意承担之人才背负着责任，而一个了无牵挂的流浪汉却担负起了对上帝和人沉重的责任。

"噢！生活的主人，我每天站在你面前致敬。噢！世界的主宰，我谦顺地站在你面前。"这个流浪汉到上帝面前致敬，他知道自己是无能的，所以向上帝发出祈求。因为有了上帝，他就不再害怕和痛苦了。他耐心地等待着，因为他坚信"一百年来，为了一朵花蕾的开放，你不倦地、坚毅地进行安排"。花开的时候，那是完美、和谐的未来，浓浓的象征主义色彩，这是一种东方哲学。他对神灵深情地呼唤着，因为他有着浓烈的爱国情怀，所以他坚信幸福就在不远的彼岸。

"在那里，心是无畏的，头也抬得高昂；在那里，知识是自由的；在那里，世界还没有被狭小的家国的墙隔成片段；在那里，话是从真理的深处说出；在那里，不懈的努力向着"完美"伸臂；在那里，理智的清泉没有沉没在积习的荒漠之中；在那里，心灵是受你的指引，走向那不断放宽的思想与行为——进入那自由的天国，我的父啊，让我的国家觉醒起来吧。"

生活在英国的附属国中，泰戈尔无时无刻不期望国家的进步和觉醒，身处殖民地，他有着知识分子的傲骨，"头也抬得高昂"。泰戈尔用铿锵有力的诗句，表达出他追求的理想国度，随着心灵的指引，人民必将进入"自由的天国"，那是自由、统一的未来，是印度民族独立的未来。

巨大悲哀的黑暗

> 今天光明在宁静的床榻上，变换成巨大悲哀的黑暗，我通宵醒着，坐在痛苦的床边，长夜逝去，晨曦莅临。
>
> ——泰戈尔《追忆》

1901年，世纪初的第一个年头，泰戈尔觉得加尔各答的城市生活让他找不到乐趣，他还是更喜欢在大自然中，他也需要一个安静的写作之处。他想起了桑蒂尼盖登，那里有"大仙"父亲建的一栋宅子，他自己也在那里建了一座寺庙，那是一座奇特的寺庙，没有任何佛像，只有流光溢彩的玻璃墙和光秃秃的地板，明亮的殿堂中没有其他装饰。在桑蒂尼盖登，泰戈尔还做了一件对后世影响颇深的事情，他把发展教育事业当成一条重要的救国之路。

年底，由泰戈尔主办的桑蒂尼盖登学校揭牌开幕了，只有5名教师与5名学生，而且学生中还有一名是他的长子。他为学校起名为"婆罗门修身所"，致敬古时候的森林隐士。5名教师中，有3人信奉基督教，还有一个是他儿子原来的英国籍老师。这个教师团队囊括了国内外师资力量，可惜的是，这个学校既没有得到保守派的支持，也没有受到革新派的青睐。

很长一段时间内，学校都很困难，学生少，老师少，资金也不够。这所学校是泰戈尔的理想，而理想和现实总是有差距的。为了给学校筹资金，他将一处房产变卖，还卖掉一部分心爱的藏书，他的妻子为了支持丈夫的事业，也把首饰拿出来卖了。泰戈尔的妻子，纯良敦厚，不仅是他孩子的母亲，更是这所学校中所有孩子的母亲。学生们要努力学习，还要做一些体力劳动，虽然生活简朴，但是吃得饱穿得暖。

泰戈尔早在加尔各答赢得了很高的声誉，备受尊敬，但是来到桑蒂尼盖登后，却四处碰壁。因为在印度的种姓制度中，教育行业被视为新的种姓，属于被歧视的一种职业。他是真的猛士，任何时候都敢于追求自己的梦想，而不是沉迷于荣耀之中，更不会被世俗的眼光禁锢。

泰戈尔从小就痛恨现有的教育制度，所以他誓愿下一代能够免受这种教育的洗脑。当权者从政治的角度出发，垄断整个教育体系，让所有受教育的孩子都养成奴性，在旧式教育体系中，孩子所要做的就是死记硬背、鹦鹉学舌，把教材上那些没用的知识都填鸭式地塞进脑袋，整个社会舆论让孩子以当律师、文书、听差、管家等职业为荣，孩子长大以后最大的愿望就是得到学位，毕业后能够在政府求得一官半职，获得安逸的生活后就不顾其他民众的死活了。

学校建立后,他没有把事情扔给其他人,而是亲力亲为地管理学校,甚至在有限的时间内还亲自授课。他摒弃政府发放的殖民教材,亲自编写适合孩子们的新教材,这段时间他创作了很多优秀的儿童文学作品,包括很多适合孩子的寓言故事、仙女传说,还编了几套儿童读物,收录了很多诗歌和短篇小说。

教育是明天的希望,越来越多的孩子在这里获得知识的力量,长大成熟起来。这所小小的学校在泰戈尔的苦心经营下,渐渐走上了正轨,希望的种子已经种下了,但是他一定想不到这里有一天会发展成世界级的名校。

1902年11月,泰戈尔的妻子重病不治离开了人世。他们是按照传统习俗结婚的,妻子在世的时候,他对两个人的爱没有体会太多,妻子离开后,他才感觉到原来她早就走入他的心房。这种心态之下,他的痛苦更深。他怀念两个人相处的时刻,妻子陪了他近20年,这段女人最珍贵的青春岁月中,她从11岁的小女孩蜕变成一位成熟女性,从目不识丁到熟练掌握梵语和英语,还在丈夫编写的戏剧《国王与王后》中扮演角色。在她离世前的2个月中,泰戈尔昼夜陪护在她的身边,他不让护士照顾,而是亲手照顾妻子。

"今天光明在宁静的床榻上,变换成巨大悲哀的黑暗,我通宵醒着,坐在痛苦的床边,长夜逝去,晨曦莅临。"他的悲伤是显而易见的,那份情都在他的诗歌里。他写了27首小诗,都是为妻子而作。

"她活在人间,不断给予我一切。我如今将偿还她的礼物,在哪儿摆放这个奉献。她夜间还在人世,上帝却在清晨把她带走。我今天只能把感恩的礼物,奉献在你的脚上。"妻子为他养育了5个儿女,将他们的家打理得井井有条,她把丈夫的理想当成自己的理想,用她的贤良淑德为自己赢得了家人的好评,与丈夫同舟共济过着温馨幸福的生活。泰戈尔在妻子那里获得了太多,可是就在他想给予她礼物前,她却永远离开了,他只能把给她的礼物献给上帝。

"我的家很小,失去的东西却再也无法找到。我试图在天涯海角再次把它寻觅。你是世界广阔无比的主人,我今天在无垠的虚空,为寻找它而来到你的门槛。"他再也找不到她的妻子了,这些诗句饱含着浓浓的悲伤,他整理妻子的遗物的时候看到了一沓书信,那都是他曾经写给她的,原来她都小心翼翼地保存着,看到这些他内心涌起一股酸楚。

也许真的是祸不单行,在妻子去世后不久,他的二女儿也得了重病,医生建议带她去山区呼吸新鲜空气并静养。于是,泰戈尔带着二女儿和另外两个小孩子一起去了喜马拉雅山,那个时代的旅行并不容易,只有马车、牛车等交通工具,很多时候他要亲手抱着生病的女儿步行,在承受妻子死亡的打击之后,在艰难的路途上,他在孩子天真的问题中找到了一些乐趣。这段时间,他写了很多关于孩子的诗歌。这些诗歌与过去他所写的同类诗歌被汇编成一本诗集——《儿童》。

1903年9月,二女儿还是离开了这个世界。死亡再次打击了泰戈尔,他只能埋头于工作中让自己忘却。然而,1904年初,他工作上的得力助手萨迪什·拉易,因为染上天花而突然去世了,这是一个年轻而有才华的诗人，人生才刚刚开始就如昙花一现般消逝了。

悲伤和沮丧侵袭着泰戈尔的内心，但死神还在周遭徘徊。1905年1月19日，泰戈尔的父亲仙逝了，享年88岁。"大仙"父亲的离世让泰戈尔陷入更大的悲伤中，只有时间能治愈。"大仙"的死不仅仅是一个父亲的离世，更是一个时代的结束。提倡以道德思想为方向的时代结束了，以政治理想为前进和发展方向的时代开启了。

你是万民心灵的主宰

> 你是万民心灵的主宰，印度命运的给予者。
>
> ——泰戈尔《人民的意志》

1905年，印度总督寇松卸任，这是一个彻头彻尾的英国政治家，他在离任前宣告了国家实行地方分治，爱国的仁人志士们愤怒了。从这一年开始，政局更加动荡，过了42年后这个国家终于全面瓦解分裂。

泰戈尔在这一时期投身战场，以笔为刀，发表了无数的爱国演说，创作了无数的爱国诗歌，将青年力量组织起来，参与并领导了反对国家分裂的示威游行。为了反抗英国的殖民统治，为了国家和民族的独立，他提出了很多引导人民站起来的思想和纲领，这些思想为后来的圣雄甘地领导非暴力不合作运动打下了理论基础。

泰戈尔发表了很多爱国主义诗歌，这些诗歌不是冲动的豪言壮语，也不是空泛无用的口号，而是饱含着真挚的爱国热情的情感抒发。"噢！上帝，希望我祖国的山山水水，空气和果实都变得甜蜜。噢！上帝，希望我故土的屋宇和市场，森林和田野都变得丰富。噢！上帝，愿我的人民的希望和誓言，事业和诺言都付诸实现。噢！上帝，愿我的民族的儿女们，生命和心灵都融为一体！"不管到何种境地，泰戈尔始终积极地保持希望，他描绘的未来总是让人心生向往，激励更多的人为美好的未来而努力。

"如果所有人都害怕而离开了你，那么，你，一个不幸的人，就撇开心扉孤军前进！如果无人在狂风暴雨的茫茫黑夜里高举火把，那么，你，一个不幸的人，让痛苦点燃你心中的明灯，让它成为你唯一的光明。"这首诗歌是印度革命者之歌，至今还有很多人传唱。

"我日以继夜地在熊熊大火之中，铸造那副铁锁链，忍受何等灾难和打击。当铸成了坚实的锁链，我发现自己已被枷锁锁住。"没有人能让所有人都喜欢，他的立场和行动让当权者不满，还因为观点不同而与其他极端革命者发生分歧，民众的辨识能力往往十分表面，他的声誉日减。随后，他不再站在一线战场去拼杀，但是他用他的思想和手中的笔去武装人民的思想，这才是他的战场、他的战斗，关于他的离开历史自有公论。

经历了生离死别，经历了国将不国，他的创作热情不减，出版了诗集《渡口》，这部诗集中的很多诗歌后来都被翻译成英文，收录在《吉檀迦利》《园丁集》和《采果集》中。

1907年11月，泰戈尔的小儿子也离开了他。这个可爱的孩子是因为染上霍乱而死去的，才13岁的小孩子，就这样被死神带走了。短短的5个年头，泰戈尔的家庭经受了巨大的冲击，"大仙"父亲辞世了，妻子和两个孩子也相继死了，而其余的几个孩子，大儿子在美国留学，大女儿和丈夫住在孟加拉，三女儿也出嫁离家了。泰戈尔在小儿子死后，真的变得形单影只了。孤单的生活在热闹都市中是一种折磨，他为了摆脱痛苦，决定到庄园上住一阵子，在那里他可以让大自然和时间为他疗伤，还有更多的艺术创作时间。

1909年到1910年之间，泰戈尔的作品都是在压抑和痛苦的磨难中创作的，而那部世界闻名的孟加拉语版《吉檀迦利》就出版于1910年，这些诗歌是他的情感在压抑到一定程度后的宣泄，那些朴实的话语是那么经典而耐读，无论是何种层次的读者，都能够从其中得到思想的共鸣和慰藉。他自己曾经在一首诗歌里写道："我的这些诗歌卸下了所有装饰，现在，在你面前没有一切装饰的骄傲。诗篇若有装饰，将成为一种障碍，它们的铿锵回响，将覆盖着你的声音。"泰戈尔不写那些矫饰得过分华丽的词语，他的语言朴实无华却又直抵人心，那是因为诗中表达的真挚的感情，正是大巧若拙的体现。

"我永远不用自己的业绩，赞美自己！我的主啊，用你的心愿，充实我的生活！"谦卑让泰戈尔最大限度地接近伟大，他的诗歌具有永恒的魅力，积极地鼓舞人心。

1912年，山雨欲来风满楼，殖民地的矛盾在不断加深，巴尔干地区汇聚了各方矛头，战争一触即发。泰戈尔写下了一首预示巴尔干战争的诗作。"我看见乌云聚集在人类的上空,它们轰鸣着,好像军队在行进。它们跳起了可怕的狂舞,用双脚践踏无数的边界,到处乱窜。在谁的鞭策驱策下,乌云与乌云冲突,心与心相遇时发出可怕的霹雳?我看见乌云聚集在人类的上空。"乌云的聚集、轰鸣的雷声,战争的恐怖在诗中隐现。

1912年1月,泰戈尔发表了一首诗歌,1919年这首诗歌被翻译成英文,名为"印度的晨歌"。初时,这首诗并没有赢得太多赞誉,直到1947年,联合国问印度要国歌,而当时的印度根本没有一首国歌,于是几番斟酌后就以"人民的意志"为名,将泰戈尔的这首诗歌献上去了,这首诗歌在联合国为印度赢得了各方的赞扬,登上了世界的舞台。

在1950年1月24日,印度国民大会通过了以《人民的意志》为印度正式国歌,歌声响过整片印度大地,激起无数印度人的爱国之心。

"你是万民心灵的主宰,印度命运的给予者。你的英名传遍旁遮普、信德、古吉拉特和马拉塔,以至达罗毗荼、奥里萨和孟加拉。到处激发人们的心声,在温蒂亚和喜马拉雅山脉,你的名字回响于万山之间,同亚穆纳河和恒河的乐声交织在一起。印度洋的波涛为你唱起赞歌,为你的德泽而祈祷,为颂扬你的英名而欢唱。你拯救了人民,你是印度命运的给予者。胜利,胜利,胜利永远属于你。"

这首歌是向命运的主宰者祈福,争取民族的自由与独立,圣雄甘地也给出超高的评价,这首诗歌后来由泰戈尔谱曲,曾在第二十六次国大党会上唱出来。

第九章

获得诺贝尔文学奖

笛管里吹出永新的音乐

> 这小小的苇笛,你携带着它逾山越谷,从笛管里吹出永新的音乐。
>
> ——泰戈尔《歌之花环》

泰戈尔在50岁那年,在时事中感到心力交瘁,创作上经过一个写作冲刺阶段,也面临了一股空虚与乏力,他需要新的思想营养的注入,这时候,他开始计划第三次前往欧洲,这一次不是单纯的旅行,他要多见一见西方的学者,与他们共同探讨文学艺术。

对于西方文化,泰戈尔从未否定也并未全盘接受。西方文化发展中有价值的东西与古印度文化中的精华,在他眼中同样闪耀着光芒。

1912年1月28日,知识分子阶层曾经为泰戈尔举行了一个荣誉授予仪式,仪式是在位于加尔各答的市政厅举行的,这里曾经是泰戈尔的祖父得到荣誉证书的地方,而70年后,泰戈尔作为印度文学家光荣地获得荣誉证书,仪式由孟加拉文学委员会赞助并主持,特意选择在泰戈尔的生日那天举行。这是一次盛况空前的聚会,泰戈尔非常高兴。

随后泰戈尔又遇到了新的问题。英国政府下达通知,提出桑蒂尼盖登学校的"教育是不合时宜的",这一通知对学校的声誉造成了一定的影响,一些在政府任职的家长迫于压力而带回了孩子,但是好在有一位美国律师不畏强权、勇敢发声,这名律师名叫菲尔普斯,高调赞扬了泰戈尔的学校拥有非常好的教育体制,由于他的美国人的身份和新闻本身的热点,所以在各大报刊都有跟踪报道。

泰戈尔计划于3月19日从加尔各答出发远赴欧洲,但是就在离开的前一晚他病倒了,医生告诉他需要静养,不能经历长途跋涉。他的行李都在船上,却没有走成。他回到恒河边的庄园上养病,在那里他开始把自己的诗集翻译成英文。

1914年,泰戈尔以"歌之花环"为名将那一时期的新作集结出版,这部诗集中有17首诗歌也被收入在《吉檀迦利》中。从一些没有被翻译成英文的小诗中,可以看出泰戈尔这一阶段的心绪。

"我用宁静的目光凝视着,遥远的地方,内心的深处……天鹅噙着异乡的花枝,正朝着那彼岸飞翔……"对于意外中断的旅行,他真的感到无比沮丧。

"时刻终于蹒跚而至,我泛舟在风口浪尖。守坐在岸畔,晨光那么难熬。"茫然不知所措的诗人,走到艺术的瓶颈,他希望到西方世界获得一些鼓舞，却因为没有成行，只能饱受思想的煎熬。

"我晓得，我将把那个船舵抛弃，那时你将把它掌握。应该发生的自然会发生，一切纷争都无济于事。"诗人在苛责自己，他努力地进行心态的自我调整。

经历这么多事情之后，泰戈尔的心境又进了一步，抒情与哲理的统一更臻完美。《吉檀迦利》中的第一首诗就是出自这本《歌之花环》。

"你已经使我永生，这样做是你的快乐！"诗中的"你"，就是神，诗中的"我"就是芸芸众生，是神让众生得到永恒，于是人得到了快乐，而神也得到了快乐。

"这脆薄的杯儿，你不断地把它倒空，又不断地以新生命来充满。"杯子如果满了，就装不进去新的东西了，肉体生命亦是如此，所以万物都是在不停地放空、斟满的过程中，如此循环往复，生生不息。

"这小小的苇笛，你携带着它逾山越谷，从笛管里吹出永新的音乐。在你双手的不朽的安抚下，我的小小的心，消融在无边快乐之中，发出不可言说的词调。"人是渺小的，但是在神的带领下，就能发出无穷的力量，小小的苇笛也能"吹出永新的音乐"，这是人超越自我极限，融合神力与自身力量而形成的，想要获得无边的快乐，人类首先要有信念和行动，才能得到神的安抚。

"你的无穷的赐予只倾入我小小的手里。时代过去了，你还在倾注，而我的手里还有余量待充满。"最后一句与开头呼应，形成一个首尾相连、循环往复的线，将整首诗串联起来，结局不是重点，因为结束就是开始，一切又进入周而复始的循环中。

大脑是身体的主宰，所以人的心理或者说思想出现了问题，身体也必然出现问题，从泰戈尔诗中的变化，可以感知他的身心都恢复健康了，按照医生的话来说，他可以应付远渡重洋的欧洲之行了。

泰戈尔和儿子、儿媳一起于1912年5月27日出发前往伦敦，海上一路风平浪静，诗人在船舱中将自己的诗歌翻译成英文，英文版的《吉檀迦利》就是这样诞生的，他并不知道，这部英文版的《吉檀迦利》将为他带来怎样的荣耀。途中还有一个小插曲，在投宿旅馆的时候，他们把装着诗作翻译手稿的皮包落下了，幸好在"失物招领处"找回来了。

有一位英国画家名叫威廉姆·罗森斯坦，他最早在欧洲推介泰戈尔的诗。罗森斯坦在1910年的时候游历印度，在加尔各答，他通过两个号称"印度通"的英国朋友介绍，认识了格格奈德拉纳特和阿沃宁德拉纳特两兄弟，他们是印度艺术家，也是泰戈尔的侄子。在去两兄弟家做客的时候，罗森斯坦见到了泰戈尔。他形容泰戈尔是一位非常有魅力的男士，身穿洁白的衬衣和传统的围裤，仪表堂堂，非常英俊。不久，罗森斯坦提出要为泰戈尔画像，在艺术家眼中，泰戈尔不仅外表看着很美，更有一种内在的吸引力，他用铅笔画出了泰戈尔，就像是他为众多杰出人士作画一样。而这个时候，他并不知道泰戈尔的才华，因为周围没有人提过。

不久，罗森斯坦回国了。在伦敦的时候，他偶然在《现代杂志》上读到一篇小说，那篇小说是泰戈尔小说的英译版，罗森斯坦大为赞赏，于是立刻写信给印度的朋友，想看一看泰戈尔的其他作品，就这样他收到了更多的英译本诗歌，但不是本人翻译的，而是由泰戈尔在桑蒂尼盖登的同事翻译的。

泰戈尔不会想到的是，他的诗作通过罗森斯坦之手，进入了伦敦，进入了欧洲，最后在世界扬名，获得文学之冠。

孩子们会集在无边无际的世界的海边

> 无垠的天穹静止地临于头上,不息的海水在足下汹涌。孩子们会集在无边无际的世界的海边,叫着,跳着。
>
> ——泰戈尔《海边》

罗森斯坦读过泰戈尔的诗后,被那些神秘的来自东方的诗作震撼了,这些诗有着超高的艺术魅力,他终日迷醉地品读着泰戈尔的诗,并且将这场诗歌盛宴分享给他的朋友。无论是他刚认识的云游僧人,还是他的家庭医生,都在他那里读到了来自遥远的东方的神秘诗作,然后他们都想见一见泰戈尔本人。听闻泰戈尔要来伦敦,罗森斯坦就极力邀请他来家里,就这样泰戈尔在到达伦敦的时候,就去了罗森斯坦处,见他喜欢读自己的诗集,还把新翻译的手稿拿给他看。

读了泰戈尔新颖的诗歌，罗森斯坦感到这是高水平的伟大著作，于是他联系了叶芝。叶芝是著名的爱尔兰诗人，收到罗森斯坦发给他的诗作后，也大为震撼，匆忙赶到伦敦，欣喜地读遍了所有诗稿。

1912年7月30日，那是一个晚上，罗森斯坦以自己的名义召集了文艺圈的众多杰出人士一起到家中聚会。在这次聚会上，叶芝当众朗读了泰戈尔的诗，后来他还为《吉檀迦利》写序。当日到场的人有梅·辛克莱、埃兹拉·庞德、爱利斯·迈奈尔、欧内斯特·里斯、查尔斯·特里威廉、亨利·内维森等优秀人物。

还有一位泰戈尔的终身挚友，同时也是他的最佳合作者，他们也是在这场聚会上结识的，他的名字叫作查尔斯·弗里椰·安德鲁斯。在聚会上听了泰戈尔的诗后，他久久不能平静，以至在回家的路上还在揣摩诗中的内涵。尤其是那首《海边》，好像美妙的童音一直在他耳边响起，他兴奋得一晚没有睡着。

"孩子们会集在无边无际的世界的海边。无垠的天穹静止地临于头上，不息的海水在足下汹涌。孩子们会集在无边无际的世界的海边，叫着，跳着。他们拿沙来建筑房屋，拿贝壳来做游戏。他们把落叶编成了船，笑嘻嘻地把它们放到大海上。孩子们在世界的海边，做他们的游戏。"孩子们在海边相聚，一起捡贝壳、玩沙子，一起欢笑嬉闹着，一切都在海浪声中和谐美好。而大海在成年人眼中确是商机与危机并存的。

"他们不知道怎样泅水，他们不知道怎样撒网。采珠的人为了珠潜水，商人在他们的船上航行，孩子们却只把小圆石聚了又散。

他们不搜求宝藏；他们不知道怎样撒网。"成年的大人们，在海中寻找金银珠宝，追名逐利，无情的大海，波涛汹涌。

"大海哗笑着涌起波浪，而海滩的微笑荡漾着淡淡的光芒。致人死命的波涛，对着孩子们唱无意义的歌曲，就像一个母亲在摇动她孩子的摇篮时一样。大海和孩子们一同游戏，而海滩的微笑荡漾着淡淡的光芒。"孩子眼中的超级游乐场，在成人眼中确是声色犬马的名利场。大海既是慈爱的母亲，也是死神的代表，最好的不会单独而来，它伴随着所有东西一起来。

"孩子们会集在无边无际的世界的海边。狂风暴雨飘游在无辙迹的天空上，航船沉碎在无辙迹的海水里，死正在外面活动，孩子们却在游戏。在无边无际的世界的海边，孩子们大会集着。"狂风呼啸而过，航船破碎在海中，没有留下一丝痕迹；海浪声伴着孩子的欢歌笑语，也只是转瞬即逝的泡沫，不留一丝笑声的痕迹。

海浪带走了一切，却在人的心上留下孩子们的纯洁，而孩子的天真与美好，让只看到金银珠宝的成人感到羞愧。所有听到这首诗的人，那个晚上都被声浪环绕，美妙的诗文辗转在心头。

查尔斯·弗里椰·安德鲁斯回忆起那次会面："我记得，当晚我起身离去时，我是多么兴奋。泰戈尔诗的美酒完全使我陶醉了。在这以前，我只见过少量的精华，但是那晚我所听到的朗诵却是无比纯正的，是没有掺杂的原汁。这种感觉和听到济慈第一次朗诵《荷马史诗》译文时的感受有些相似。"

英国女作家梅·辛克莱写信给泰戈尔，称赞那些诗歌简直是绝对的完美，大家只能偶然感受到的那种神圣感觉，都被泰戈尔写成现实。"不管我是否能再次听到那些优美诗歌的朗诵，那些诗歌给我留下的印象是不可磨灭的。"

美国诗人埃兹拉·庞德，是西方非常有名气的作家，也对泰戈尔的诗给出了很高的评价："泰戈尔是一个比我们中间任何一个人都要伟大的诗人，他具有自然的静谧。这些诗似乎不是风暴或激越的产物，而只是显示了他往常的脾性。他与大自然浑然一体，没有任何矛盾。这一切与西方的时尚形成了鲜明的对比。我选出一首诗准备加以引用，但读到下一首诗时，我意识到自己的选择是错误的，因为下一首更让你佩服。"

罗森斯坦的大儿子名叫约翰，长大后成为伦敦塔特艺术馆馆长，但在当时，他还是一名在校读书的学生。根据他的回忆，当时是在英国的乡下别墅，泰戈尔带着儿子、儿媳来家里做客。泰戈尔头上裹着白色的头巾，身穿一件类似传教士的米色长袍，看起来是个很神秘的东方来客。

约翰先后在牛津大学和伦敦皇家艺术学院就读，每当他放假回家的时候，他就常常看到父亲与泰戈尔，有时是在伦敦，有时是在乡下别墅。在公共场合的时候，"泰戈尔愿意默默地坐着，像一尊菩萨，四周围着信徒。当着善男信女的面，他往往神色恍惚，声音轻柔。这一切都形成了一种东方智者的理想典型。这与他性格的另一面，即与自己好朋友相处时的那种开朗豪放、妙趣横生真是截然不同"。

你使不相识的朋友认识了我

> 你使不相识的朋友认识了我。你在别人家里给我准备了座位。你缩短了距离,你把生人变成弟兄。
>
> ——泰戈尔《吉檀迦利》

1912年,泰戈尔刚到伦敦的时候,先是住在一家旅馆,距离他上一次与兄长一起来的年代已经过去了那么多年,伦敦早已物是人非,他感到一切都很陌生。

喧闹的街头,熙熙攘攘,商店外的行人川流而过,人们向着四面八方走着,好像有一只无形的手推动着,时代在前行,历史在分分秒秒中铸就。泰戈尔总是细细观察着周遭的人,那些形形色色的人让他浮想联翩,在餐馆的时候,"男男女女三五成群地围坐在小小的餐桌旁,静静地吃着东西。一些人吃罢饭也看完了报纸,飞快地瞥了一眼怀表，带上帽子，起身离去。我不用知道时间，但是也像大家一样，掏出怀表，打开又合上，放回口袋"。

身边虽然有儿子和儿媳陪同，但是泰戈尔还是感到孤独，也许是因为住在异乡的旅馆吧。旅馆对于旅客来说是一个非常好的歇脚处，但是如果长住就不合适了，尤其是对于泰戈尔这样的情感丰富、心思细腻的人。于是，泰戈尔接受了罗森斯坦的邀请，到他家附近找了一栋房子租住。

"正当我犹豫不决的时候，一位朋友来访。他拉开了帷幕，使我看到了善良以及早就为我留着的位置。我在门外卸下异邦生客的重负，抛掉游客的满是尘土的外衣，立即从喧闹的人群中走进了一个充满亲切感的家庭。"这段文字摘自1912年的《婆罗蒂》杂志，泰戈尔在文中致敬好友罗森斯坦。

"你使不相识的朋友认识了我。你在别人家里给我准备了座位。你缩短了距离，你把生人变成弟兄。"这首诗摘自《吉檀迦利》，简直就是预言了泰戈尔与罗森斯坦的友谊。

这次英国之行在罗森斯坦的热情接待下非常愉快。泰戈尔见到了很多文化圈中的精英，有英国著名的作家赫伯特·乔治·威尔斯，爱尔兰作家萧伯纳，美国作家哈德森，英国作家约翰·高尔斯华绥，英国诗人伯特·布里吉斯和约翰·梅斯菲尔德，还有斯塔杰·穆尔、斯托帕福德·布鲁克等名人，思想的交流中，泰戈尔得到了赞赏与肯定，同样也得到了进步。罗森斯坦曾经说，泰戈尔给所有见过面的人留下了深刻的印象，他是那么举止潇洒且又宁静睿智。泰戈尔提起这些朋友时也说，这些朋友的观点和思想是那么崇高，让人敬佩。

伯特兰·罗素是英国的哲学家，同时也是数理逻辑学家、历史学家，在理论上，他是无神论主义者，而泰戈尔是泛神论者，观点不同但却好似殊途同归一般，他们还是成了朋友。他们一起探讨什么是美，罗素的观点是："数学不仅拥有真，而且拥有非凡的美。"而泰戈尔的观点是："当我们完美地认识真理时，我们才真正地懂得美。完美地认识了真理，人的目光才纯净，心灵才圣洁，才能不受阻挠地看见世界各地蕴藏的欢乐。"

泰戈尔还把他的诗读给罗素听，然后罗素的话总能让泰戈尔也茅塞顿开。泰戈尔还曾经对别人说："能听到罗素讲话真是太好了。"20年后他们再度相逢的时候，两个鬓发斑白的老人依然亲切地坐在一起聊天。

罗森斯坦率先想到让泰戈尔在英国出版他的诗集的英译版，于是他向在英国的印度学会正式提出建议，为身为印度人的泰戈尔申请和出版诗集，叶芝也当即表示日后要为泰戈尔的诗集写序。于是《吉檀迦利》这部诗集在没有任何异议也不需要修改情况下出版了。首次印刷750本，后来在罗森斯坦的运作下，又出了一版普及本，当时的泰戈尔还没有获得世界的认可，所以出版社要出版这样一个不知名的异国诗人的作品，是要冒风险的，但那个出版社是幸运的，因为这部诗集让出版社也受益匪浅。

《吉檀迦利》的成功并非偶然，但是还是有很多不了解详情的人认为泰戈尔是印度人，对英文不熟练，这些英文翻译应该是叶芝修改过的，连带着对这部诗集也有质疑的声音。罗森斯坦特意为诗集正名，泰戈尔的手稿他是最先看过的，从手稿上来看，所有翻译正文都是出自泰戈尔之手，而叶芝所修改的不过寥寥几笔。

叶芝本人也在他给《吉檀迦利》的序中写道，他每次读到泰戈尔诗的时候都激动得不能自持，他还举例说，当他在火车上、餐厅里或者任何公共场所里读诗的时候，他总是被这些诗感动，情绪过分激动的他只好用本子挡住脸。

1912年10月，泰戈尔决定访美，还是儿子、儿媳同行。美国是一个移民国家，崇尚平等和自由，而泰戈尔来自印度，种姓制度从古至今，阶级观念严重。泰戈尔的美国之行注定不会太平。

到美国之后，泰戈尔一家在伊利诺伊大学附近租了一栋房子，因为儿子要在这里准备博士论文。泰戈尔在这里认识了很多学院的老师，还认识一位教会的牧师。在牧师邀请他去教堂演讲的时候，他也欣然应允了。在他所讲的哲学观点中，他认为西方人持有战胜自然的观点，而东方人却提倡人与自然和谐相处，这种思想观点当然不会被一般的美国人认可。

1912年11月，泰戈尔在美国的时候，《吉檀迦利》在英国出版了。当时很多的英国报纸都对这本诗集给出了很高的评价。在《泰晤士报文学增刊》上，编者认为这些诗是缪斯的语言："如果我们的诗人能够达到情感与思想如此水乳交融的程度，这类诗在英国也是能够被写出来的。在我们国家里宗教与哲学分离，它说明我们在这两者之间没有获得成功。"当然也有一些报纸持反面观点，因为有正面就有反面，有阳光就有阴影，对于这么多家报纸的评价和关注，泰戈尔感到由衷的高兴。

美国著名诗人埃兹拉·庞德很喜欢泰戈尔的诗，他为泰戈尔的作品在美国的推广做了很多，他将泰戈尔的诗推荐给芝加哥的杂志。随着泰戈尔的诗被更多的美国人传诵，泰戈尔也先后去芝加哥、罗切斯特、纽约、波士顿等地进行访问和演讲。

我接到这世界节日的请柬

> 我接到这世界节日的请柬,我的生命受了祝福。我的眼睛看见了美丽的景象,我的耳朵也听见了醉人的音乐。
>
> ——泰戈尔《吉檀迦利》

出版社传来消息,《吉檀迦利》的销量非常好,于是出版社立刻筹划出版更多的泰戈尔诗集的英译版。就这样,泰戈尔的《新月集》《园丁集》和《缤纷集》等英译本诗集又陆续出版面世了,《孟加拉生活见闻》这部短篇小说集也是在这一时间出版的。这些作品虽然没有像《吉檀迦利》那样引起更大的关注,但也让泰戈尔的知名度再上一层楼。

1913年4月14日,泰戈尔再次来到了伦敦,因为时常接受各种演讲的邀请,他在紧凑的行程中生病了,身体提出了抗议,他不得不住进疗养院修养一阵子，后来还做了一个小手术。泰戈尔身体康复后，他准备起程回国了。罗森斯坦和叶芝为他办了一个小型的欢送会，他完美地结束了这趟旅行。

泰戈尔回到印度后，生活照旧。1913年11月13日，泰戈尔突然收到一个让整个桑蒂尼盖登沸腾的消息，《吉檀迦利》竟然获得了诺贝尔文学奖，这个天大的好消息震惊了整个印度乃至整个亚洲。

诺贝尔奖由阿尔弗雷德·伯纳德·诺贝尔创立，1895年11月27日，他立下遗嘱，将其遗产一部分共920万美元作为基金，以其利息发给当年对人类做出最大贡献的人。瑞典政府成立了"诺贝尔基金会"，设立物理学、化学、生理学或医学、文学、和平5种奖金，统称诺贝尔奖。

直至1913年，诺贝尔奖在世界范围内都是最权威和公正的奖项。颁奖给一个印度人，这无疑让整个世界都震惊。在亚洲地区泰戈尔是诺贝尔奖的第一个获得者，截至当时，诺贝尔奖从来没有离开过欧洲。这是文学的加冕，是无上的殊荣，泰戈尔是"亚洲第一诗人"。

《吉檀迦利》是一部宗教抒情诗集，字面意思可理解为"献诗"，诗集从他过去创作的诗集中精选了103首诗，由孟加拉语翻译成英文，每一篇都是独立的。

"我接到这世界节日的请柬，我的生命受了祝福。我的眼睛看见了美丽的景象，我的耳朵也听见了醉人的音乐。在这宴会中，我的任务是奏乐，我也尽力演奏了。"《吉檀迦利》诗集中的一首诗歌就可以完美地诠释这部诗集对泰戈尔的意义所在。泰戈尔在生命的宴会上献出一首生命之歌，他"看见了美丽的景象"，也听见了"醉人的音乐"，然后他"尽力演奏了"，于是他的生命得到了祝福，世界都为他的文学加冕，他是当之无愧的诺贝尔文学者得主。《吉檀迦利》，泰戈尔献出的是永恒的生命之歌。

得知获奖后的第五天，泰戈尔写信给罗森斯坦："从得知获得诺贝尔奖这一巨大荣誉的消息的那一刻起，我的心充满了对你的爱和感激之情。我相信，在我的朋友中间，再没有比你听到这个消息更为高兴的了。这是荣誉中的王冠。"

当公布泰戈尔获得诺贝尔文学奖的时候，并不是所有人都认同，西方传来很多反对的声音。一家美国的知名报纸写道："将诺贝尔奖授予一个印度人，在高加索民族的作家里引起一片痛惜和惊讶声。他们不理解为什么这种荣誉要授给一个非白种人。"人们一旦形成小的团体，就会排挤团体外的人，这是人之本性。人们心存的偏见就会让目光狭隘，狭隘就让人误以为自己知道全部了，那是虚妄的。

加拿大的《环球报》也报道说："诺贝尔奖第一次授予一个不是我们称之为白人的人，要欣然接受一个叫作拉宾德拉纳特·泰戈尔的人获得世界性的文学奖的事实，尚需时日。"

泰戈尔作为诺贝尔奖的候选人是由英国作家、皇家学会成员斯塔杰·穆尔提名的，并在科学院中获得了好几位支持者，奥尔斯特朗也是支持者之一。

当时评选委员会主席是哈拉尔德·雅奈，对于是否授奖给泰戈尔他举棋不定，因为不好判定泰戈尔的诗从印度的古典文学中借鉴了多少，也就不好界定有多少是他本人创作出来的。

瑞典作家海顿斯坦说："我读了这些诗，深受感动。我不记得，过去20年我是否读过这么优美的抒情诗歌，我从中真不知道得到多么久远的享受，仿佛我正在饮着一股清凉而新鲜的泉水。当我们终于找到了一位具有真正伟大水平的理想诗人时，我们不应该忽视他。我们第一次也许在相当长时间里可以引以为自豪的是，我们先于报刊发现了一个伟大的名字。我们不应该坐失良机。"

最后，在整个评委会多方考证和几经衡量之下，决定投票的形式经过多次确认。15张选票中，泰戈尔得了12票。泰戈尔能够在西方国家主导的评奖活动中获奖，这是他用实力赢得的，他当之无愧。

官方给出的获奖理由是："由于他那至为敏锐、清新与优美的诗；这诗出之于高超的技巧，并由于他自己用英文表达出来，使他那充满诗意的思想业已成为西方文学的一部分。"

文学是以语言来表达思想情感的一种艺术，而大多数文学作品拿到世界上来接受审视时，需要翻译过来，而翻译常常会失了原文的意境和那种原汁原味，只有音乐和绘画这类艺术更容易做到世界共通。

西方文学更多的是西方文化中的各种信息、元素的聚合，诗歌更是其中的精粹。而泰戈尔诗的美不在表象，而是美到了骨髓，即便是平实的翻译，也已经足够震惊世界。泰戈尔在东西方文化之间，建立了一座桥梁，沟通了两个信息海。重要的不是表达形式或者何种语言，而是其中的思想。不要在东西文化之间建立围墙，而应该搭建桥梁，文化是无界的。

第十章 心无国界

人对他自己建筑起堤防来

> 人对他自己建筑起堤防来。
> ——泰戈尔《飞鸟集》

国界线上本没有围墙，人的心上却被设立堤防，这就是"人对他自己建筑起堤防来"。堤防是怎么建立起来的？或者说为什么有堤防？因为人心不安，危机感让人建立堤防，在堤防里才能感到安全。想想历史上的柏林墙还有中国的长城，都是一个道理，一旦建立堤防或者围墙，人就把自己围进去了，禁锢了思想。而冲破堤防推倒围墙，是打破地域和时空的限制，是一种开放与自信。

不同国籍、不同民族、不同肤色、不同文化的人，对泰戈尔的诗有着不同的见解，多元化的意见，让泰戈尔的内心更加包容。他越来越明白这个世界上不是只有一种人，世界上的人也不会只有一种想法，所以他以更加谦逊的心态继续前进。

欧洲之行结束，泰戈尔收获的最好的东西不是诺贝尔奖，而是一群志同道合的朋友。荣誉会让人骄傲、止步，荣誉也是一种负担，而且无论多大的荣誉，只代表过去。将自己的作品放在世界面前，盛名之下，他收到了来自各方的声音，有人欣赏，有人批判。

那些优秀的西方学者朋友，给他带来了一些新的西方思想，了解得越多，人会越谦卑，因为他明白自己知道的不是全部。这反而让他更加强大，强大不是忽视那些不好的声音，而是全盘接受，接受善意也接受恶意，接受人生起伏，认真去看这个真实世界，才能更加无所畏惧、热爱生命、包容一切。

此时，泰戈尔是一个世界公民，一个地球村的孩子，这并不是因为他拿到诺贝尔文学奖，被世界认可，而是他开始将目光遍布整个世界了。他不仅关心自己的国家和民族，他也关心地球上所有人，无论是哪个国家的人民，都在他博爱的范围内。拔高视野，站在更高的纬度，印度的围墙、堤防被他推翻，种族的界限在他脑中被剔除，地球村的概念在他脑海中建立。不管哪个国家发生了不公义的事情，他都会感同身受，也都会挺身而出。人有自己的国籍，但是心却可以是无国界的。

在他的众多外籍友人中，有两位优秀的人与他成为更亲密的伙伴，他用自己的人格魅力吸引了二人与他一路同行，而两位友人也成为他事业上的得力助手。来自英国的查尔斯·弗里伊·安德鲁斯，泰戈尔和他的相识是在伦敦时，由罗森斯坦和叶芝一起举行的那个聚会上。安德鲁斯说，泰戈尔让他打开心灵之眼，看到了美的内涵，破除了时间和物质世界的干扰，让他获得解放。他把他的朋友威廉·温斯顿·皮尔逊也介绍给泰戈尔。这是一位英国的传教士，也是一个非常传奇的人，他从牛津大学哲学系毕业后，又去剑桥学习植物学，随后又以教育的目的来印度传教。友谊因为同路相伴而长久，他们是彼此一生的好友。

莫汉达斯·卡拉姆昌德·甘地出生于1869年，被后世尊称为"圣雄"。1906年，他领导印度侨民开始了非暴力抵抗运动，反对英国和荷兰的殖民者实施种族歧视政策，初露锋芒。回国后继续坚持"非暴力抵抗"的政治主张，继续斗争。斗争的初期，他没有得到太多的关注，而这个时候泰戈尔已经注意到了这个身处南非的年轻人，泰戈尔感到自己在诗中无数次预言的圣雄出现了，即便当时的甘地还是一个孤军奋战的小子。他和安德鲁斯、皮尔逊一起聊甘地，一起聊印度的未来，然后两位朋友做出了一样的决定，他们要去南非会见甘地并协助他，而泰戈尔为了桑蒂尼盖登的学校，不能同行，但是依然送上了对甘地的期望和祝福。

于是，两位朋友带着泰戈尔的思想前往甘地处，一起探讨新的精神观点，一起谈未来的光明世纪。糅合了泰戈尔思想、西方哲学和甘地的政治主张的全新的思想，对甘地产生了深远的影响，更间接影响了印度历史的走向。历史不会因谁而停，却由杰出的人物主导，思想决定未来。甘地经常和两个朋友说，希望能够有机会见一见泰戈尔。

1913年12月26日，泰戈尔获得印度加尔各答大学的文学博士学位。荣誉会吸引荣誉，不管当局是出于何种目的，泰戈尔被身兼印度总督与加尔各答大学校长的哈定第二勋爵授予学位。

这一年泰戈尔得到了太多的荣誉,金钱、地位袭来,收获颇丰,但是在文学创作上,这一年却是最为停滞的一年。十年中,每一年他都有新的由孟加拉语创作的书出版,但这一年没有,只有在英国出版的过去写成的作品的翻译版。虽然这一时期他没有写诗歌,但是他开始写更适合歌唱的脍炙人口的歌了。

这是一些叙事型的歌曲,创作需要一个出口,不断尝试新的东西,才能保持进步。在美国的时候他就写过一首歌,那是一个背着货囊到处云游的人,他先是遇见了一位国王要抢他的货物,然后又见到腰缠万贯的大富翁要买他的货物,还有一名美艳动人的女子色诱他,但是他始终没有放下货囊。最后,一个天真可爱的孩子出现了,孩子抱住他笑着要求:"这都是我的!"于是他没有要任何报酬就把货物给了孩子。他终于卸下了重担。

这段时间他创作的歌曲,加上去英国之前所写的作品,他都整编在一起,1914年以《颂歌》和《歌之花环》出版了,这两部作品在情感驾驭上更为娴熟,也是对《吉檀迦利》所表达的宗教哲学的进一步深入挖掘。泰戈尔的名声日隆,他也更坚定了引领人民思想的信念。他将此作为自己的责任,就像他在一首歌中写到的:"我全部忧虑将获得酬答,鲜花将遍地开放;我全部痛苦将染上艳彩,犹如玫瑰花妖娆多姿。"

这些歌曲积极、乐观,朴实而富于哲理,兼具了世俗与高雅,让诗人和哲学家津津乐道,也让贩夫走卒在乡间传唱。这些艺术作品的魅力是永恒的,就像他自己说的,也许有一天他被世人遗忘了,但是他的歌曲会流传下去。

闪雷在浓密的深渊里边轰鸣

> 瞧,现在毁灭临头,不幸的洪流在痛苦的海洋中汇流;沾满鲜血的乌云在苍天横亘,闪雷在浓密的深渊里边轰鸣,一次次像疯子般发出狞笑。
>
> ——泰戈尔《飞鹤》

泰戈尔很喜欢的一个侄女的名字叫英迪拉·黛维,他们还经常通信,这个侄女果然是在诗人的熏陶下长大的,找的丈夫帕勒默塔·乔杜利也是一位作家,还创办了杂志《绿叶》。绿叶是新生的代表,这个杂志也走在文学创新的道路上。

乔杜利是一名才华横溢的作家,以"比尔巴尔"为笔名发表文章,而泰戈尔为了这个侄女婿自然也要提笔上阵。也许因为前一年琐事缠身写得少了,从为《绿叶》写稿开始泰戈尔就文思泉涌,写了大量的诗歌、小说和杂文。

这一时期，泰戈尔的作品与他前些年在恒河边住着的时候所写的作品不同，那时候的小说他写了很多孟加拉农村的事儿，而现在他写的却是中产阶级的生活。他描写印度教家庭中的可怜妇女，明明那么善良美丽，却被自私的丈夫压迫，在世俗中枯萎。在《海曼蒂》《妻子的一封信》《陌生的姑娘》《女毗湿奴教徒》和《创造的统一》等短篇小说中，泰戈尔以讽刺的笔触写出了那些真实的生活现状，让人们警醒。牛津大学的讲师爱德华·汤普逊说："在世界文学界中，再没有比你更伟大的短篇小说作家了。"

夏天的时候，他去了喜马拉雅山一带，在那里他过得很开心，他还写信给安德鲁斯说在那里的日子多么充实。但是没过多久，他有了一种不祥的预感，一个巨大的灾难就要来临了，他感到非常不安。他把这种感觉写成了诗："瞧，现在毁灭临头，不幸的洪流在痛苦的海洋中汇流；沾满鲜血的乌云在苍天横亘，闪雷在浓密的深渊里边轰鸣，一次次像疯子般发出狞笑。"乌云已至，闪电雷鸣，异象已成，毁灭势必临头，诗句仿佛神示一般，发出示警。世事无常，但这些无常也常常蕴含着一定的必然性。

1914年第一次世界大战爆发了，帝国主义国家为争夺世界霸权和殖民地而战，印度是英国的殖民地，参战是必然的。在这之前，泰戈尔在没有任何明确消息的情况下，就预知了这场浩劫，不得不让人惊奇。也许一切都在天地中有所预示吧，就如同神谕般，有的人能看到，有的人不能。

英国宣布印度参加对德国作战，成为士兵、物资的重要供应地。战争是暴力的，是残酷的，世界乱了。"你的海螺在尘埃里横卧，天哪我怎能目睹忍受。空气凝滞，光明消失，啊，多么恐怖的日子！"

泰戈尔在诗中写出悲伤。"我向你祈求过安宁，获得的却是羞愧！"这些年，每当诗人处于不安的时候，他总是从一个地方转到另一个地方，寻求心灵的平静。这一次也是一样，他从喜马拉雅山转回桑蒂尼盖登，然后是大吉岭、什拉依德赫、阿格拉和阿拉哈巴德，每一处他都停留不久，这段时间就是欧洲爆发战争的时间。

虽然战争是在欧洲，但是泰戈尔早已建立世界公民的价值观，所以他不会把英国的危机看成是印度独立的好机会，战争只会带来灾难和痛苦，无论是哪里的人民饱受战火的摧残，他都感同身受。他在诗中写道："大地万千的痛苦和罪过，多少暴力的喧哗和凶兆，今朝一切都汹涌澎湃，跃出河岸，涌向天空。它们在苍穹里嬉笑地嘲弄，然后推动大家泛舟前进。你将安然抵达彼岸，整个世界在你耳畔哀号，不幸的疯狂日子在头上降落。但内心获取的无限希望，是永不败落，无所畏惧，没有痛苦，没有悲哀！兄弟们！你使谁低头垂首，罪孽是我的，你的，所有人的。"这个世界上，一个人犯错，那么众生都有罪，或者说不作为的众生都是同谋者，就如同一个人做了好事，众生都是贡献者。

"英雄的鲜血，母亲们的泪水，难道不能索回它们的全部思想价值？难道我们不能从它们那儿购置天堂？难道世界的出纳员不能付清全部债务？难道黑夜的艰难苦行不能带来阳光普照的白日？"人类该为战争负责，该为罪行赎罪，所有人都该苦行、忏悔，以求获得解脱。

1916年，泰戈尔这段时间的诗歌汇集出版了，以《飞鹤》为名。这个特别的名字还有一个由来，泰戈尔在克什米尔的时候写了一首诗，"在黄昏的彩霞里闪烁着乞勒姆逶迤的河流，犹如昏暗中暗淡刀鞘套住的弯刀。声音的闪光划破虚空的漫长旅程，昙花一现地消失在遥远的天际深处。"

这是诗人在黄昏的时候，在河边看到的景象，那些仙鹤的声音划破长空，就好像一种暗喻，预示着希望，代表着诗人在焦虑不安中依然心怀希望，在死亡的阴影中依然找寻出路，然后那个鹤声就一直在诗人的脑中回荡，心中辗转。"这里没有，还有什么地方有机缘？"飞鹤的声音贯穿着整部诗集，

能量守恒，不增不减，不生不灭，因为能量是流动的。所以无论身处何种境地，都要敞开内心，通过各种形式去找到力量。万物生生不息，新生的力量就在"机缘"之中。

今天醒来，彼此亲密无间

> 我们梦见，彼此不相识；今天醒来，彼此亲密无间。
>
> ——泰戈尔《飞鸟集》

1915年，泰戈尔开始思考离开印度，他想去世界各地去看一看。内在就是最遥远的国度，而旅行能够帮人更快到达内在。

他首先想到的是日本，但是因为战争，直到1916年5月3日才终于成行。与泰戈尔一同前往日本的，有他的两个老朋友皮尔逊、安德鲁斯，还有一位印度艺术家朋友慕古尔·代。从登上日本船开始，他们就感受到了日本人的严谨和纪律性，这是一个特别有礼貌的民族。

船到缅甸时，泰戈尔看到了裹在五彩缤纷的民族服饰"特敏"里的缅甸妇女。他在日记中这样写道："她们像怒放的花朵开遍这个国度的每个地方。"船到香港,他看到中国工人在码头上挥汗如雨地劳作,明明只是在烈日下干活的男人,却让泰戈尔看得入迷,迷醉在那些工人的形体与力量的完美结合之间。"他们的身体洋溢着生命力,没有一星半点儿的多余……劳动使他们身体颤抖,犹如发出优美乐曲声的琴弦一般。任何美女的体形都无法与他们的体形媲美,因为魅力与力量之间的平衡是那么完美,这在女人身体上是难以见到的。""这个巨大国家里到处都蕴含着无穷无尽的力量。"

5月29日,泰戈尔一行人抵达日本的神户,下船后诗人受到了非常热烈的欢迎,他的一位画家老朋友达依卡瓦纳刚好也在日本,为他举行了隆重的接待仪式。泰戈尔在日本停留了3个月,温泉胜地箱根是他最喜欢待的地方。他常去东京庆应大学演讲。日本的风光和日本人的性格特质都深深地吸引着他。

日本人爱静,"这些人的心灵像清澈的溪流一样无声无息,像湖水一样宁静"。他形容日本的诗篇像是凝固时光的优美的画,而不是有声的歌。俳句,是日本的古典短诗,如"古老的水池,青蛙跳跃,一片水声溅起"就是俳句。

幽静的古老池塘,因为一只青蛙跳入水中而溅起轻微的水声,足见周围是多么静谧。这种短诗在泰戈尔身上产生了影响,当地那些爱好文学的青年男女都求他在扇子或本子上题字,于是他就开始写这种类型的短诗。而这些零星的话,短句或者说很短的小诗,后来自成一体,成为独具特色的泰戈尔式短诗,有些是先写出孟加拉文后再翻译而成的,还有些是直接写成的英文诗,这些作品就是后世大名鼎鼎的英文格言诗集《飞鸟集》。《飞鸟集》是从英文的 Stray Birds 翻译成的,其实翻译得不够严谨,意思应该是"迷途之鸟"或者说"失鸟集",但因为大家耳熟能详了,也就叫开了。

"我们梦见,彼此不相识;今天醒来,彼此亲密无间。"每个人都是独立的个体,所以泰戈尔说"彼此不相识",但是人与人的关系是变化的。人是害怕孤独的,所以人需要其他人,并且与之建立关系。最好的途径就是爱,开放并接受爱,人才能互相回应、靠近,人与人的亲密无间,是一种灵性的连接,或者可以简单地理解为建立关系,重要的是享受那份温暖,即便这看起来就像是幻想。建立关系的对象可能是你的爱人、朋友、孩子甚至是宠物,学会了爱,也就知道如何建立这种亲密无间的关系。也正因如此,这首诗在每个人眼中都有不同的解释,渴望爱情的人从情人的角度去解说,渴望亲情的人从亲人的角度诠释,妙不可言。泰戈尔的诗用很短的语句,就说出了人生的哲理,闪耀着熠熠的光辉。

日本的武士道精神名闻天下,泰戈尔倒也见识了其中奥义。根据安德鲁斯的说法,那是一件真实发生的武士决斗事件。两名日本武士相约决斗,就在群山之间的一片草地上,从黎明一直战到夕阳西下的时候,最终,两个人都遍体鳞伤,死去了。

日本首领把泰戈尔请到武士死去的地方,希望诗人作一首诗来纪念这一辉煌的战况。在日本,武士道精神是一种对死的觉悟,解甲归田的不是好武士,战死疆场的才是真英雄,而决斗致死更是一名武士一生之中最光辉的时刻。这种精神其他民族很难理解,只会觉得惊悚、残酷无情。所以当诗人听到他们不死不散,并且以此为荣之后，既痛苦又难过。但他还是写了一首诗，却不是日本首领所希望的那种歌颂武士道精神的诗——"他们相互间仇恨残杀，上帝害羞地用青草把血迹覆盖。"

对于日本人融入骨髓的武士道精神，泰戈尔目光悲悯，却又无可奈何。日本的军方势力越来越强大，穷兵黩武，非常好战。虽然军方不看好泰戈尔，但是知识分子还是对泰戈尔表示敬意，文人相惜，而且泰戈尔是世界文坛的佼佼者。

在到日本之前，由于是诺贝尔奖获得者，他收到过很多国家的邀请，加拿大也向他扔出了橄榄枝，但是他却完全不予考虑。因为有一队印度人曾经意图去加拿大定居，却在轮船抵达的时候，不被允许上岸，无奈返回国土后，又被英国官员虐待，这件事情在印度引起了一场风波。他拒绝去加拿大一事，被加拿大方面大肆渲染，报纸上一片刻薄之声，连美国和英国的报纸也有响应。

1916年9月，泰戈尔再次访问美国，乘船抵达西雅图。庞德·罗休姆全程接待了泰戈尔，安排他沿着西海岸到东海岸进行了巡回演讲。这一次他几乎走遍了美国各大城市，无论是政客、商人还是文化名人，都争相求见，几乎没有哪个作家到美国可以获得这么多的热情。

《民族主义》是泰戈尔在游历期间所作，内容为在日本和美国的演讲整理所得，是饱含诗意的政论，三个篇章分别从日本、西欧和美国三个地方的民族主义谈起，他反对的是那种国家至上的民族主义，是极端民族主义，这本书的名字也被直接翻译成"国家主义"。

在圣佛朗西斯科的时候，他遇到了让他的心灵受到很大打击的事情。一些印度激进人士谴责泰戈尔的反民族主义是对印度民族的背叛。泰戈尔曾经接受英国政府颁发爵位，于是他们骂他是英国人的走狗，甚至计划实行暗杀活动，这一风波被各国媒体炒作。伟大的诗人，他的思想超越了民族的界限，但是现实是人民不能理解，起码在当时是难以理解的。

你的海螺声震撼人间整个大地

> 你的海螺声震撼人间整个大地,祖国的英雄儿女围聚在你的宝座四周。
>
> ——泰戈尔

历史是所有人的历史,印度历史进程推进,就如一条长河,无人可挡,而每个身处其中的人的命运,都会受到大势的影响。

从1905年总督寇松将孟加拉分为两省,反英运动就开始发展起来,政府强力平息了运动,将很多极端派清除出权力机关,而穆斯林联盟一直支持英政府,自此印度教教徒因与之政见不同而分道扬镳。然后,第一次世界大战对印度影响很大,印度民族主义得到一定发展的同时,英国为了稳定印度实行公职人员印度化,很多印度精英阶层逐渐占领部分权力阶层,他们的立场决定他们支持英国,但他们也希望得到民族自治。第一次世界大战之后，他们的梦想破灭了，因为英国政府在战争结束后，因胜利而更加膨胀，更加强势地压榨印度人民。

1917年3月，泰戈尔结束了访问旅程，启程回印度。此时，印度人民被新生民族主义意识占领，这种没有本质变化的民族主义，是他不愿意看到的。他反对自私自利的民族主义者，在他的理想中，世界并没有民族之分，所谓的新民族主义只是执政者争夺权力和统治人民的工具。

泰戈尔看着同胞在受苦，创作了新的作品，在加尔各答的一次集会上，他让所有听者为之一震。"你的海螺声震撼人间整个大地，祖国的英雄儿女围聚在你的宝座四周。白日已莅临，印度在何方，印度在何方？它离开自己的座位，落进受辱的尘埃。从这个耻辱中把它拯救，在人类宫殿里给以席位，噢，永远醒着的上帝！"

在印度，海螺是印度文化中的重要祭祀物品，它是一种宗教标志，具有一定的象征意义，传说可以治疗心理疾病。"祖国的英雄儿女围聚在你的宝座四周"，这是诗人的美好愿景，然后不论是伊斯兰教徒还是印度教徒，不论持何种政见，只要是印度人，都被那一声"印度在何方"而感染和震撼。年终的时候，印度国民大会召开，泰戈尔在开幕式上朗读了长诗《印度的祈求》，诗作获得了所有与会政要的认可，一时传为佳话。

愿望是美好的，现实却是政局越来越动荡。英国政府在赢得欧洲战场的胜利后，立刻转身"治理"印度来了，那些激进的印度革命者遭到了英国人的无情虐杀，以暴制暴，这是所有不平等阶级做的事。

"愚蠢地使用力量,结果弄坏了钥匙,而如今却要动用刀斧开锁。"这就是泰戈尔对他们的总结。不论是以何种目的为前提,暴力都不符合人道主义精神。可惜诗人的悲悯并不能改变现状,盛怒中的双方都认为不站在自己一方的就是敌人。

1918年,英国内阁大臣蒙塔古提出让印度人参加本国的管理。如果民族的脊梁没有立起来,所谓的自治不过是个笑话。泰戈尔认为:"自治不是外部的恩赐,而是自身努力赢得胜利才是真正的自治,否则没有意义。"对于这个观点,甘地持同样意见。他们都在唤醒同胞不要接受乞讨者和施恩者的低贱关系,不要在道德上被攻陷。

英国人留在印度不是为了站在道德正义上让大家夸赞,掠夺财富才是其本质。1919年3月21日,英国政府通过了镇压民族解放运动的法令——罗拉特法,这个臭名昭著的法令一出,全国哗然。其中有一条竟然提出"政府有不经过诉讼就可逮捕人的权力"。法令内容太过残酷,于是罢工、罢市和各种示威游行在全印度掀起浪潮,对待印度人民的反抗,英国政府施行了恐怖镇压。

4月8日,甘地被捕。4月12日,泰戈尔无所畏惧地给甘地写公开信,在信中称呼甘地为"圣雄",这是甘地被第一次称为"圣雄",这个称呼至此跟了他一生。"圣雄"是指梵语中的一个敬语"mahatma",翻译为英语是"Great Souled",意思是"伟大的灵魂",称呼甘地为圣雄,表意他集圣人和英雄为一身。

4月10日,两名非常有影响的民族主义活动家被逮捕,矛盾被激化，3万市民不顾一切冲到市政府门前抗议，要求释放二人，政府出动了大量骑兵和警察镇压驱逐，愤怒的市民反抗起来，占领了火车站等地。4月13日，大约5万人再次集会，在阿姆利则市咖莲华拉广场上共同集会，抗议英国政府种种恶行。可惜，抗议没有起到任何作用，英国政府态度强硬，由英印军队的戴尔将军出面，下令封锁广场的进出口，残暴的屠杀手无寸铁的印度人。根据官方数字，最少有379人当场死亡，还有1200人受伤，这就是历史上有名的"阿姆利则惨案"。

惨案发生后，英国殖民当局严禁新闻报道此事，但是如此大的事件，还是在几周后传遍了印度。泰戈尔当时是在桑蒂尼盖登，听到消息后立刻赶往加尔各答，并且迎风而上号召集会，可惜那里的印度人都被吓怕了，没有人响应他。

"噢！可怜可悲，所有人害怕得不敢张开嘴，扭头站立。噢！孤独的人，你就向自己心灵诉说，打开生命，撕开喉咙！"这是他在当时发表的一首歌，他在骂那些懦弱的人民，他希望人民站起来反抗。

没有人支持的泰戈尔，在5月29日深夜写信给印度总督，为表抗议之心，放弃"爵位"头衔。这封信在6月2日被刊登在《印度快报》上。印度人民都赞颂他的这一举措，而时任印度总督的切姆斯福德勋爵就愤怒了，因为他没办法解除前任总督授予泰戈尔的爵位，即便泰戈尔不承认自己的爵位，他还得继续称其为"拉宾德拉纳特·泰戈尔爵士"！

第十一章
不同的世界

沉默的鸟巢

在黄昏的微光里，有那清晨的鸟儿来到了我的沉默的鸟巢里。

——泰戈尔《飞鸟集》

埋下一颗种子，长出一棵大树，搭建一个鸟巢，相约整个世界。

泰戈尔创立的位于桑蒂尼盖登的学校，随着时间的推移和泰戈尔的不懈努力，一点点地健全、完善起来，越来越多的学生让这里人满为患，越来越多的学者到这里教书育人，桑蒂尼盖登国际大学已成为世界级的大学，是无数学子的梦寐以求的东方学术天堂。

"整个世界相会在一个鸟巢中。"这是泰戈尔定的校训，取自印度古老的梵文诗。他希望国际大学是印度的大学，更是印度献给世界的、献给全人类的宝贵财富。国际大学就像一个各种文化交融圣地，向世界奉献的同时也从世界汲取养料，各种文明交相辉映。筑巢引鸟，全世界的鸟儿都在这里相会，交流思想，共同成长。这些是他对学校的愿景，并且如今看来，这所学校没有让他失望，桑蒂尼盖登国际大学已经大大超越了地理的界限，吸引了众多人才。

泰戈尔喜欢旅行，1918年，他再次踏上旅程。他曾经在给友人的信上写道："鸟儿每年都有一段时间，放弃鸟巢，飞过重洋。我也是那样的鸟儿。我总是感到有一种神秘的召唤，让我抖动翅膀，飞去远方。"泰戈尔计划再去一次日本和美国。但可惜的是没有成行，据说是英国政府从中作梗，于是他就在自己的祖国大地上旅行。

旅行是一种非常好的提升自己的方式。人踏出家门，就失去了安逸的家，必须面对这个陌生的世界，所以会始终保持自己的警戒心与好奇心，旅程中会收获到独特的人生阅历，这是磨砺心智的过程。旅行时，可以在喜马拉雅山看日出日落，也可以在恒河之畔观赏神奇的流水。今天在群山峻岭之间观景，明天在喧闹街市上观人；今天在奢华之地吃珍馐佳肴，明天在贫民区品尝路边小吃。旅行中，可以看到各种各样的人，各种各样的生活方式，让人对大自然、人生、金钱等各种方面进行深度思考，这就是泰戈尔为什么爱旅行，也是他为什么能取得那么多荣誉的关键，旅行让他跳出现有的人生框架，拔高视野，放大格局，成就了更大的辉煌。

泰戈尔四处旅行，游览了南部的大部分地区，进入城市的时候他会进行演说，大多是关于教育理念方面的。1920年以后他到印度的西部旅行，在那里他还见到了甘地，他们聚在萨帕尔默迪的河畔的别墅，共同探讨对印度的想法，都感到获益匪浅。

这段时期泰戈尔写了两部孟加拉文的作品：《逃避》和《随笔》。《逃避》是叙事性的故事诗，为对话的形式，风格朴实，情节跌宕起伏。《随笔》是1919年写的，风格迥异，是散文体的诗，有的作品是描绘大自然，有的富含哲理，有的略带讽刺，还有的是诗人自己的回忆。这些诗歌都有着优美的旋律。

他写了一则故事来讽刺当时的教育制度。大意是，一只鸟儿只会飞翔，国王说："必须对这只鸟儿进行教育。"于是给鸟儿做了一个金笼，让学者坐在金笼前面讲授知识。"笼子里没有水，没有粮食，只有从书上撕下来的纸片。学者还用笔尖硬往鸟儿嘴里插。"鸟儿早都不会叫了，国王又说："这王国里的鸟儿不仅没有教养，而且不知感恩戴德。"鸟儿死了，肚子里装满烂纸片。

1920年5月15日，泰戈尔再次前往英国，同行的是儿子和儿媳。在船上，他们还遇到了政治家阿加汗，他们一起探讨各种流派观点，相谈甚欢。再次到达英国后，泰戈尔见到了老朋友，也结识了新朋友，但是让他感到痛心的是，这里已经没有过去那么欢迎他了，毕竟发生了太多的事情，他声明放弃英国爵位，还公开表示过很多反对英国政府的言论。

随后，泰戈尔先后到过法国、荷兰、比利时、美国、瑞典、德国、奥地利等国家，广阔的世界在他的眼中愈加真切，他在感受世界的同时，想法也在升华。而这个时候，印度也发生了翻天覆地的思想剧变，整个印度都弥漫着不满的情绪，人民在甘地的领导下苏醒了，就在这种氛围中，结束长时间的旅行的泰戈尔

第十一章　不同的世界

回国了。泰戈尔想要回到桑蒂尼盖登，那里已经是他心灵上的家了，游子渴望归家。

1921年6月，泰戈尔会见了甘地，他们讨论了什么后世没有明确答案，但是随后各自的表现已经说明了他们对政见的分歧。在泰戈尔的家中，一群非暴力追随者把从商店偷来的布放在他院子里燃烧，在火堆旁边舞动着身躯，向他叫嚣。虽然无可否认圣雄甘地会给印度带来一个美好的明天，但是过程并不是美好的。这就是非暴力的真相，也许这并不是全部，但已经足以证明，政治有的时候是很可怕的，他把人变得麻木得像是白痴，毫无客观公允可言。

泰戈尔不同意把国际大学的学生推向政治，他没有让学生盲从地进入这场混战，而是告诉他们独立思考，决定自己的立场。他还写了一篇《真理的召唤》，表述他的观点和立场，劝导大家不要"盲从"，甘地公开发文提出异议，文词严厉而悲愤，也的确是国之现状。诚然，现在的国家现状必须要强势改变。泰戈尔还是认可甘地的，他没有再进一步提出反对。如何得与凉风约，不与尘沙一并来！

泰戈尔从加尔各答回到桑蒂尼盖登，沉默是他唯一能够做的，他再次投入到创作之中。"在黄昏的微光里，有那清晨的鸟儿来到了我的沉默的鸟巢里。"混乱黑暗的时代终究会过去的，清晨的鸟儿就是新生力量的代表，鸟儿会再次带来美妙的歌声。大仲马说过，等待和希望，这四个字包括了人类的一切智慧。

这段时间，他创作了一系列儿童诗歌。1922年，他把这些诗歌整理出版，以"儿童天真"为名寓意心灵的回归，这与他当年所写的《新月集》相辉映，但是也增添了一抹在经历世事变迁后的豁达。他在序言中表明："我像是一个孩子那样诞生在这个世界的游戏的土地上。随着长大，被责任感束缚，把游戏看成是低贱的，在游戏和工作之中，我选择事业并感到骄傲。但事实上，如果这样，我就违背了神创造人的初衷。只有那些摆脱责任的人，身体才不会累，才能成为世界上最开心、最快活的人。"

我去过中国

> 我去过中国一次,那些我以前不认识的人把友好的标志点上我的前额,那记号说,我们认识你。
>
> ——泰戈尔《生辰集》

泰戈尔的世界之旅怎么会少了中国,即便在没有去过中国的时候,他就曾经为中国人民之忧而忧,写过一篇《中国的死亡贸易》,谴责英国对中国倾销鸦片。泰戈尔三次踏足中国的土地,以1924年最为轰动,那是一场文化界的盛事。

1924年4月12日,受梁启超、蔡元培等人的邀请,泰戈尔乘船到达中国上海,开始了访华之旅。徐志摩、郑振铎、张君劢、瞿菊农等人早已在码头恭候多时了,江苏教育会、上海青年会和文学研究会的代表,也早早到场,各大报馆也得到消息,派记者到现场采访拍照。当泰戈尔及随行人员下船的时候，他们受到了非常热烈的欢迎，泰戈尔不禁感动地说："朋友们，我不知道什么缘故，到中国便像回到故乡一样，我始终感觉，印度是中国极其亲近的亲属，中国和印度是极老而又极亲爱的兄弟。"

泰戈尔没有到中国之前，大部分中国人不了解他，毕竟当时的中国内忧外患，不太平的日子里人人自危，只有知识分子阶层对得过诺贝尔文学奖的他有所了解。陈独秀是最早将泰戈尔的《吉檀迦利》翻译成中文的人，他选择的名字是《吉檀迦利》的另一个名字"献诗"，刊登在《青年杂志》上。也是在新文化运动时期，泰戈尔的诗才开始在中国流传。

泰戈尔到达上海，孙中山也曾发电报向他表示欢迎。对于泰戈尔及其作品，中国文化界产生分歧：支持派、反对派和中立派，各种声音、异见达到鼎沸，三种声音共同迎接着泰戈尔的到来。对泰戈尔的赞美性言论实在太多了，"亚洲文学泰斗""印度诗哲"，从获得诺贝尔文学奖的《吉檀迦利》开始，赞美的声音都是一致的，支持派对他的夸赞也并没有什么不同，但是那些异样的声音反而更让人发人深省。

鲁迅是较为理性的批判者，泰戈尔生日会那天他也到场祝贺。鲁迅初时将泰戈尔视为同道，认为他是反封建的先行者，提倡男女平等，可以说是中国青年的精神导师。对于泰戈尔他是极为钦佩的，曾写道："我们试想现在没有声音的民族是那几种民族。我们可听到埃及人的声音？可听到安南，朝鲜的声音？印度除了泰戈尔，别的声音可还有？"鲁迅希望中国能从"无声的中国"变成

第十一章 不同的世界 | 199

"有声的中国",但是他对泰戈尔的肯定并没有有始有终。

"我们决定不欢迎大声歌颂东方文明,把我们的年轻人引向这个文明,使他们在沉思中寻求慰藉并受到毒害的泰戈尔……对于受国内军阀主义和国外帝国主义压迫的我们来说,没有时间去做梦了。"这是刊登在《小说月报》上的一篇文章的内容,出自茅盾之笔,"没有时间去做梦了"对当时的中国来说一语中的。茅盾担心印度诗人会软化中国青年的思想,造成不好的影响,所以会写出这些文字示警,这只是因为在那个特殊的历史时期,人民的首要任务是救国,不破不立,不极端不行。

泰戈尔在中国做了一系列演说,多数是即兴演讲。"如果真理从西方来,我们应该接受它,毫不迟疑地赞扬它。如果我们不接受它,我们的文明将是片面的、停滞的。科学给我们理智的力量,它使我们具有能够获得自己理想价值的积极意识的能力。为了从垂死的传统习惯的黑暗中走出来,我们十分需要这种探索。我们应该为此怀着感激的心情转向西方活生生的心灵,而不应该煽动起反对它的仇恨倾向。"他的观点是反战的,是提倡和平的,得到很多中国人民对他的喜爱,还有一些进步思想家也十分推崇,连反对的声音也消失了很多。

从泰戈尔到上海开始,徐志摩就作为翻译全程随行,到了北京之后,又增添了一位民国才女林徽因。白发苍苍的异国老者,身旁带着风度翩翩的徐志摩,再加上艳若桃花的林徽因,这一幕不知让多少人难以忘怀。

5月8日,恰逢泰戈尔64岁大寿,北京的各界名人为他举办了一次隆重的生日会。当天晚上，在协和大礼堂中，京城名流俱至，一时之间冠盖云集，这是一场中外文人的盛会，谈笑有鸿儒，往来无白丁，一派欣欣向荣。随后，在礼堂演出了泰戈尔在1891年创作的名剧《齐德拉》，林徽因饰演美丽的齐德拉公主，徐志摩饰演爱神，整部剧为英文对白，在京城文化圈掀起一阵轰动。

多年之后，泰戈尔再次过生日的时候，曾经想起这个生日会，为此他写了一首诗："我去过中国一次，那些我以前不认识的人把友好的标志点上我的前额，那记号说，我们认识你。陌生人的外套从我身上滑落了，露出内在的那个一如既往的我。……我起了个中国名字，我穿着中国衣服，我认识到，无论在何处我交上了朋友，我就获得了重生，他带来了生命的奇妙。"美好的回忆总是历久弥新的。

5月底，泰戈尔离开中国，取道日本回印度，徐志摩一直送到日本。分别之际，徐志摩问泰戈尔还有什么落下的，泰戈尔便说："我把心落在中国了。"

在七星星座上筑起自己的梦幻世界

寥廓天穹如今布满烈火，我在歌曲里孤独地借用烈火，在七星星座上筑起自己的梦幻世界。

——泰戈尔《完善》

从中国回到印度后，泰戈尔在印度待了2个月又再次起程。这一次，他受南美洲的秘鲁共和国的邀请，参加秘鲁独立一百周年的盛会。起程的时候，他收到一封信，那是一个陌生的印度女孩请他写旅行日记的独特请求，这个温软的祈求触动了他的内心，他的创作灵感又一次汹涌而出。

在海上，他创作的第一首诗名叫"完善"，"七星星座倾听着我们的窃窃私语，余音袅袅萦绕着盛开的茉莉花丛。缠绵情绪以后变成死亡形式，悄悄带来残酷无情的永别痛苦。巨大虚无那时从眼前消失无踪，巨大虚无如今没有栖身之地，但这个虚无充满着痛苦哀愁。寥廓天穹如今布满烈火，我在歌曲里孤独地借用烈火，在七星星座上筑起自己的梦幻世界。"这是诗的第三节。爱的力量，让那些分离的痛苦消失，烈火般的感情，让人在心中建起梦幻的世界。

　　海上的颠簸旅程中，泰戈尔生病了，只好提前在阿根廷的布宜诺斯艾利斯下船修养。在这个异国他乡，泰戈尔举目无亲，幸好有一位爱读他诗的女士接待了他。不同于其他上流社会中爱交际的贵妇，维卡多利亚·奥坎鲍是一位才华横溢的女士，她非常爱好文学。泰戈尔暂住在拉普拉塔河附近的一栋别墅里，医生建议他取消行程，在这里他得到了很好的照顾和休息。

　　维卡多利亚曾经读过纪德翻译的法文版的泰戈尔诗集，叶芝翻译的英文版，还有西班牙文的泰戈尔诗集，这些诗作让她如痴如醉，所以当她听到泰戈尔要来到她所在的村庄休养，高兴是溢于言表的。

　　她把自己的仆人派去照顾泰戈尔，认识并了解泰戈尔后，她更加崇拜他了。泰戈尔本想在那里休息一周，但后来他在那里停留了近两个月。中断行程并没有让他感到多么失望，因为他感受到女主人对他的关心、照顾和崇拜，这更激发了他的创作欲望，文思泉涌，一篇篇诗词在他笔下流出。

　　1925年，他将这段时间的作品集结成册，以"东方"为名出版。"东方"二字和通常所理解的意义不同，在古印度音乐中，"东方"代表甜美的黄昏之曲调。这部《东方》诗集就是他献给维卡多利亚的。

维卡多利亚曾就泰戈尔诗集的翻译问题,在自己的文章中提到过一些见解。泰戈尔将自己写的孟加拉文诗作翻译成其他国家语言的时候,也会有晦涩的曲解。她举例说,有一天下午,他写了一首诗,他写完后翻译并朗读给她听,当时她低头看着桌子上的原稿,那些美丽的孟加拉字母就像是美丽的图案,泰戈尔就一句一句地翻译,她当时惊叹于作品中的那种美妙,就像让人麻木的心灵都得到了活化。

语言是非常重要的,因为诗人用它将现实表现出来,在有形和无形之间建立一座桥梁。而不同语言的翻译,更是在两种表达方式之间建立桥梁。维卡多利亚请泰戈尔用英语翻译这些诗作,于是第二天她看到了英文版的诗作,但是可惜的是,昨天那些让她心灵震颤的东西,在英文翻译过程中都消失了,她感到很沮丧。

其实,翻译的问题,在中国也同样出现。泰戈尔的诗集众多,在中国已经不只一个人翻译过,也都是名家大师。前有陈独秀、刘半农、郑振铎、冰心,后有糜文开、石真、裴普贤、吴迪、魏德时等,今有冯唐,翻译泰戈尔诗集的中国文化名人实在是太多了。各种译本虽然内涵隽永,但总觉得少了一点点诗的灵韵。

如果有人能够在表情达意的基础上对仗押韵一些,那就更完美了。在中文中,一首好诗,一定是短小押韵的,这种节奏才是最有中国特色的翻译。中国的诗,看的时候需要留白,好似山水画中的飞白;读的时候需要停顿,闭上眼睛长叹一声。从文字表达上来说,这就是中国式的留有余地。

不管翻译得如何，总是表情达意的，亚洲文豪泰戈尔的诗都是公认的佳作，他的诗美在骨子里，不只在其外在形式，所以即便翻译得不够完美，也足以让越来越多的读者喜欢。

1925年1月4日，泰戈尔告别了女主人，乘坐一艘意大利的船离开了布宜诺斯艾利斯，离开了这个短暂的居留地。回到祖国不久，死神又一次从泰戈尔的身边夺走了他的亲人，他的五哥乔迪楞德拉纳特离世了，这位对他影响很大的哥哥是他成长的启蒙者，是他事业的支持者，更是他一生的指导者，他的逝世让泰戈尔陷入巨大的悲伤中。

就在这一年的5月，圣雄甘地再次找到泰戈尔，希望他能站到革命的队伍中去。泰戈尔热情地接待了他，但是他们对"纺车和土布"的观点依然存在分歧，道不同实难共行。泰戈尔认为，欧洲的应用科学是把人从自然的肆虐中拯救出来，把自然的力量结合在机器上为人服务，印度的贫穷不是靠藐视科学来消除的。这些理论也许在如今很容易被大家接受，因为已经经过时代的验证了，但是在当时的印度，受殖民政府压迫的穷苦大众却不这样想。

诚然，甘地提倡田园牧歌式的生活，全盘否定、抵制西方文明，这种思想虽然不对，但在当时却是有效地推进民族解放运动发展的方式，不管理念对错与否，印度人甚至是全世界的人在后世都对甘地抱以极强的尊敬。

泰戈尔与甘地，他们都是杰出的伟人。

用我的名字囚禁起来的那个人

> 被我用我的名字囚禁起来的那个人,在监牢中哭泣。我每天不停地铸着围墙;当这道围墙高起接天的时候,我的真我便被高墙的黑影遮断不见了。
>
> ——泰戈尔《吉檀迦利》

1928年,泰戈尔开始画画。这对他来说是一项新的挑战,67岁的老人依然有着少年般的求知欲望。在他还是小孩子的时候,他的五哥乔迪楞德拉纳特就非常喜欢作画,那时候他一看到哥哥画画,他就会坐在旁边入迷地观看。

他曾经鼓励两个爱画画的侄子坚持画下去,并且帮助他们创立了"孟加拉画派",该画派在印度绘画史上留有一席之地。曾经他还写信给侄女说:"我一直像一个失意的情人,把渴望和贪婪的目光投向那个名叫绘画的艺术上。"由此可见,他是一直想要拿起画笔的。

随心而动,泰戈尔就像一个孩子得到了新玩具一样,开始随心所欲地画画。那些手稿都是随意挥笔而就的,没有经过过多的思考,也没有经过系统的训练,他画出的线条好像是有灵魂一般,让人在其中感到一些情绪,让人引起共鸣和思考。有的是欢笑,有的是愤怒,有的发人深思,有的表达抽象,这些如幻象般的画作让泰戈尔着迷,几乎废寝忘食。

绘画是纯粹的世界性语言,泰戈尔充分发挥自己的想象,画出的作品充满灵气。艺术有其相通之处,泰戈尔在文学和音乐方面都那么擅长,绘画也一样。不同的表达方式,总是殊途同归的。他的余生一共画出2500多幅画,而且在这期间他的文字创作也一直同步进行着,有60多部文学作品都是在这一时期创作的。泰戈尔把自己的画称为"绘画中的诗歌创作",而且他的画都不能起名字,因为本来就不是根据命题画出来的,他本人也说自己不适合先定主题再画。

1930年5月,泰戈尔在法国巴黎举行画展。人们看到了像诗一样的伟大神秘主义画作,那些色彩是那么协调绚烂,那些线条是那么有生命力,那些面孔所表达的正是印度人的特质,看画人仿佛进入了一个古老而神秘的东方古国,看到了一个超越生死的永恒的极乐之界。有的人会觉得这些画太没有技巧了,像是孩子画的,但是仔细体会,就会惊奇地发现其中深意,一幅好画的标准也从来不是画得像,更不是技巧娴熟,而是这幅画是否具有触动人心的能力。当然，泰戈尔也不是认为绘画不需要更多的训练和技巧，而是他不具备，正因为不具备，用笔反而更拙，不用一些花哨的笔法，而单纯地求得表现力，也许真的是大巧若拙吧，他的画作取得了很好的效果。

有一幅画，一个双手抬起的舞者在跳舞，他只用铅笔画出剪影，就让人感受到画中仿佛有一个古老的故事；还有一幅画，6个姿态各异的女人，她们好像世间跳动的音符，起承转合之中让人听到了一段美妙旋律；他喜欢在画里藏起一些隐喻，比如夸张地画出某种动物来影射某人、某事；还有一些奇形怪状的生物，如果你问他画的是什么，也不会得到结果，连他自己都不知道，却给每个人以想象的空间；他画的自然景观，是绝不能和其他风景画家去比的，因为这些画完全自成一派，没有可比性；至于他的肖像画，就根本与光、影、体、面等基本绘画方法没有什么关系，但是你却能在其中看到印度民族的特点，比较当时的摄影就可以知道，不同时代的人的面孔，自有其时代、民族的特质，泰戈尔很好地抓住了其特质。

泰戈尔的画在巴黎获得了业界的普遍好评，一位评论家这样写道："人们感到莫大的惊讶：没有受过绘画学校传统方式熏陶而完全自信的人的绘画，恰巧吻合了西方思想家的最现代探索。"罗曼·罗兰对于泰戈尔画画持不同见解，他认为这是诗人在晚年才华已尽，为了散心才拿起画笔，他对巴黎社会中人们对泰戈尔画的推崇表示异议。

"被我用我的名字囚禁起来的那个人，在监牢中哭泣。我每天不停地铸着围墙；当这道围墙高起接天的时候，我的真我便被高墙的黑影遮断不见了。我以这道高墙自豪，我用沙土把它抹严，唯恐在这名字上还留着一丝罅隙；我煞费了苦心，我也看不见了真我。"

这首诗出自泰戈尔的《吉檀迦利》。"用我的名字囚禁起来的那个人"，就是被"名字"贴上了标签，或者说被荣誉、地位和权势贴上了标签，然后为了维护得到的称号，就止步于此，害怕做其他的事情会失败，就固守得来的荣誉。如果泰戈尔在诗集赢得了诺贝尔文学奖的时候就止步，那还会有后来的那么多作品吗？如果泰戈尔因为自己在文坛获得的地位而止步，还会有后来巴黎的画展吗？

随后，泰戈尔又先后在英国伦敦和伯明翰举行了画展，也许与泰戈尔的文学创作相比，他的绘画所取得的成就，就如星光遇到阳光，但无可否认，他在绘画上所取得的成果非常高。

纵观世界历史，很多文学巨匠都曾涉足绘画。黎巴嫩诗人纪伯伦从14岁的时候就开始不间断地画画，他的作品在阿拉伯画坛也小有名气。法国作家雨果，浪漫主义文学的代表人物，油画、水彩画和水墨画他都喜欢，一生画了4000多幅作品，在画坛独树一帜。俄国的文学家普希金，他给自己画了很多自画像，还给众多情人画肖像，来了客人的时候，灵感上来就冲到画架边，画那些客人的侧脸。

1931年1月，泰戈尔起程回印度，在伦敦的朋友们在海德公园饭店为他举行送别宴。萧伯纳和他聊了很久。这是泰戈尔最后一次踏足西方的土地，太阳就要横过西方的海面。

第十二章 生命的黄昏绝唱

膺获红色的吉祥志

> 今天,我前额在那巨大毁灭的潮流里睡醒,又一次膺获红色的吉祥志,这就是无限的神奇。
>
> ——泰戈尔《尾声》

1931年,泰戈尔70岁了,古稀之年的老人依然神采奕奕。5月,全国多个城镇都为他共同庆祝70岁生日,世界上众多杰出人物都纷纷贺电、贺信,无论是这些声名显赫的致电之人,还是他们那些蜂拥而至的贺电,都让世人再次惊叹于泰戈尔的影响力,同时也在回顾他这么多年的辉煌成就。

来自英国伯特兰·罗素的贺电表示,泰戈尔对促进各民族之间相互了解做出了如此多的贡献,不会有人能超过他了。爱尔兰诗人叶芝也来信恭贺泰戈尔,他称自己是泰戈尔忠实的学生,以后也将是永远的颂扬者。他至今还记得,当初第一次读泰戈尔诗的时候那种激动人心的兴奋,是永恒的美好回忆。圣雄甘地在信中说,他和无数同胞一样,感激泰戈尔,是泰戈尔让印度在世界的眼中有了崇高的地位。

大名鼎鼎的爱因斯坦也发来贺电:"你目睹了由于需要和盲目欲望而产生的生物之间的骇人听闻的斗争。你在孤寂的思索和美的创造里看到了自由。你珍视它,在自己漫长而富有成果的为人类服务的一生里,以你的人民的预言家的方式,到处宣传着一个美好和自由的思想。"泰戈尔与爱因斯坦神交已久,他的诗作《生命之神》之中所宣扬的理念,与爱因斯坦的观点相通。

1932年1月3日,圣雄甘地入狱了,给沉浸在欢乐中的人们以迎头痛击。泰戈尔获悉后立刻发电报给英国首相提出抗议,这种善良、温软的手段没有得到任何回应。1月26日,泰戈尔预备再次公开发表抗议声明,但是却遭到英国政府的阻挠,文章被政府禁止发表,泰戈尔陷入无力的悲痛中。他万分难过地写了一首诗:"今天我的喉咙哽咽,我的芦笛吹不出悠扬的音乐。我的整个世界在漆黑一团的深夜的噩梦里消失。我因此含泪问你一个问题:那些毒污了你的空气的人,那些扑灭了你的光亮的人,你能饶恕他们吗?你能爱他们吗?"这首诗的名字就叫作"问",诗人在无力中责问上帝,在痛楚中宣泄愤怒。

失望的诗人回到了恒河畔的别墅中,在那里他创作了更多的诗。这些诗的灵感来源于孟加拉艺术家的画,也来自他自己在画画中得来的一些思绪或者感受,这些诗作非常精妙,收录在他的新诗集《新颖》中。

1932年2月11日，泰戈尔受伊朗国王的邀请访问伊朗，其实当时他的健康状况不太好，不适合远行，但是他还是没有拒绝，随行的是儿媳和秘书。他们乘坐飞机出发。下飞机后，他受到了热情的欢迎，那里的人民本来和他离得那么远，却给他带来那么多惊喜。报纸上称他为"东方天空最光辉灿烂的星辰"，那里的人民把他当作东方诗人，也就是所有东方国家都与有荣焉。

5月6日，在首都德黑兰，国王和人民以最为古老的方式和礼仪为诗人庆生，以表示对泰戈尔的尊敬和爱戴。诗人非常感动，在离开这里的时候，他在告别词中多次表示真挚的感谢。返程中，途径巴格达，他还见到了伊拉克的国王。给他留下深刻印象的是贝都因人，他们是过着游牧民族生活的阿拉伯人。"他们是沙漠的儿子，一个顽强的民族，他们生活的每一分钟都在为生存而斗争着。"这是泰戈尔极高的评价。

回到印度，泰戈尔接到噩耗，他唯一的外孙突然疾患去世了。这对一个白发苍苍的老人来说是一个十分沉重的打击，从这段时间他的诗作当中，谁都会感受到他的悲伤。"从远处相望，在你神秘的威严中，你似乎不可战胜，令人惊骇。你的皱眉预示着恐怖，我怀着恐惧的心站在你跟前。五雷轰击突如其来……"毕竟是白发人送黑发人，其中悲伤实难诉尽。泰戈尔把悲伤也看作是一种疾病，是人的心生病了，心病比身体生病更加痛苦，而且心病有时候会转变成身体的病。人只有自己从精神上去战胜疾病，用坚强的心挺过去。"今天，我前额在那巨大毁灭的潮流里睡醒，又一次膺获红色的吉祥志,这就是无限的神奇。"在诗中,泰戈尔克服痛苦,他战胜了自己内心的苦楚。

1932年,泰戈尔出版诗集《尾声》,这本名为"尾声"却并不是尾声的诗作,只是一个阶段诗作的合集,诗人的创作生涯还未结束。为了纪念他的外孙,他写了一部《附言录》,献给他心爱的外孙尼杜。在这部诗集中,泰戈尔不再拘泥于过去的写作手法,而是以一种全新的、自由的、散文体的形式写诗,这种方式是一种创新,从此拓展了诗的范畴,有很大意义。

1932年9月20日,圣雄甘地在狱中决定绝食抗议。当这个消息传来,年迈而不能远行的泰戈尔,还是在24日前往监狱探视甘地。26日,英国政府迫于压力同意了圣雄甘地的要求,彼时,诗人与圣雄一起在狱中,然后诗人就唱起了一首诗歌。"当生命枯萎时,同情的流水降临;当整个甜美消失时,歌曲携带甘露莅临。"这首诗歌选自《吉檀迦利》。后来,圣雄在一次声明中说:"我以神的名义举行绝食,而泰戈尔带着神的名义让我停止。"

手里拿着"死亡"的护照

> 我的生日!手里拿着"死亡"的护照,它从潜跃中浮现在"无"的裂口,来到存在的边沿呼吸一会。
>
> ——泰戈尔《黄昏之灯》

1937年,泰戈尔第一次亲身感受到死亡的气息。他曾经在诗中无数次提到过死亡,这次濒死的经验让他加深了对死亡的感悟。

9月10日,那是在一个秋日的晚上,他像往常一样在椅子上坐着,突然就昏了过去。昏迷持续了两天两夜,直到加尔各答的医疗小组赶来,他才醒过来,但也没有完全恢复意识和知觉。根据医生的诊断,他的昏迷是由于耳后感染了一种病毒,经过抢救,直到第五天,他才真正恢复过来。

恢复知觉的泰戈尔所做的第一件事情,就是叫人把床边的一块板子拿过来,他要画画。他画了一幅具有象征意义的风景画,画中是一片昏暗的树林,有淡黄色的光笼罩着,朦朦胧胧的。后来,他把这幅画的感受再写成诗。

在这一次濒临死亡的经历中,他无限地接近死亡,虽然是在昏迷之中,但是他的思维犹在,他把那时的感受写成了很多诗,一共有17首诗,这些诗在1938年集结成册,名为"生死边缘"。

"死亡的使者偷偷地走来,爬出宇宙的黑暗洞穴。"死亡是悄无声息的,这首诗告诉活着的人,死亡是不可避免的,谁也不能阻挡死亡使者的脚步。"在我精神外壳的空间里积聚的层层细尘,通过痛苦的酸性腐蚀已经消融并被清洗干净,在深度昏厥的厚重的帘子下面,默默实现了无情的灵魂清洗……"那些细尘就是情绪,是愤怒、痛苦和悲伤,是人这一辈子所积累的情绪,当生命尽头的时候,这些留在灵魂上的情绪是需要被化解的,回过头去接纳这些情绪、细尘,对自己的灵魂进行除尘、净化,用中国式的说法就是"超度"。

"我看见——在我疲惫意识的黄昏里——顺着雾蒙蒙的河水漂流而下,携带着它储存的情感和它的多重苦痛……身体渐渐变成了影子,融化成一个小点,消失在无边无际的黑暗之中……"随着河水的净化,人这一生所积累的那些尘土,那些不平衡的负面情绪,那些让心灵痛苦的悲伤,都流走了,这时身体就回归了最初的原点。人是从一个点开始的,也会回到那个点结束,在黑暗的维度中,灵魂永生。

"当一个又一个灯光从舞台消失,剧场里空无一人,我的思想平静下来,好像听从沉默的知会,犹如睡梦被黑暗中墨黑的手驱逐。自从幕布开启，我为了延长在舞台上的时间而设计的种种化妆，现在全部消失；所有我激发的态度，为了影响观众而用的夸张的颜色，全都被清除……"黑暗中，帷幕拉开，人从出生开始，就登上了人生的舞台。为了赢得更多观众，人开始化妆、伪装、表演，直至帷幕落下，人生谢幕。然后人发现，那些夸张的表演，其实没有任何意义。

生命短暂而珍贵，要做真实的自己，每个人都是独一无二的，用自己本来面目演出，无惧他人的目光，让活着的每一天都精彩万分，就是生命最精彩的演出。到死去的那一刻，也便无憾而终。

在泰戈尔恢复健康的这段时间，他被送到医疗条件更好的加尔各答，甘地也曾经去探望他，到1938年初，他已经基本恢复健康，再次投身创作中。夏天的时候，他去了喜马拉雅山，那里的卡利姆庞是一座非常迷人的小镇，泰戈尔的儿子在那里有一栋消夏别墅，他在那里度过了一段时日。生日的时候，他写了一首诗，收录在当年出版的诗集《黄昏之灯》中。

"我的生日！手里拿着'死亡'的护照，它从潜跃中浮现在'无'的裂口，来到存在的边沿呼吸一会。从腐朽的链条上散落下过去年月的链环。" 每个人都在走向死亡的道路上，不必去追寻人生的意义，也不必刻意去证明人的存在，因为人原本就是存在着的，也不必刻意去证明人存在的意义，因为存在的本身就是意义的所在，譬如人之生死，譬如流萤飞逝。

1937年，泰戈尔出版了诗歌《韵律中的图画》和《无意义的韵律》，随后出版一本故事书《他》。在文学创作上，泰戈尔不仅文思泉涌，在绘画艺术上，他也井喷式创作了很多作品，那些画有的表现出他的濒死经验，还有很多奇幻、超自然的风景和人物，这些作品绚烂得让人惊叹。

1939年，泰戈尔出版了诗集《天灯》。灯都是在屋子里点的，但是在空房子中点灯没有用，应该把灯举到天上去，灯是一种象征手法，天灯指示方向。

1940年，诗集《新生》出版了。写这些诗的时候，泰戈尔的思维非常跳跃，情绪总是变换，思路也总是变换，常常连自己都没有意识到，所以诗集也就取名"新生"。

同年，泰戈尔出版诗集《笛子》。这里的笛子是指一种古老的印度笛子，演奏出的笛声非常动人，这部诗集中的怀旧的抒情诗，也如笛声般美妙动人。

这三本诗集都是在《黄昏之灯》之后出版的。也许濒死的体验，对泰戈尔来说不是噩梦，反而是一份非常好的礼物，让他看破生死奥秘，更为珍惜活着的每一时刻，让他的作品绽放出更为耀眼的光辉。

在死亡的可怕舞蹈里

> 在死亡的可怕舞蹈里，这丑恶的游戏达到高潮。
>
> ——泰戈尔

1940年，泰戈尔的生日是在卡利姆庞度过的，他远离了繁华的城市，选择在一个小山村度过，这里没有社交名流与文学名士，更没有觥筹交错、推杯换盏，只有一位慈祥的尼泊尔老人，他虔诚地对着泰戈尔念诵了一段祈祷，这是一种佛教仪式，在这样简单又不失庄严的仪式之后，小山村的人一起为泰戈尔庆生，泰戈尔被这里的人打动了。

晚上，吃着山珍野味，看着那些山民带来的祝福的鲜花，泰戈尔感到了山民的朴实可爱，这些山民大多目不识丁，更别提读过或者听过他写的诗了，泰戈尔的名气、地位都不在他们的认知中，但是他们依然单纯地尊敬诗人。

泰戈尔心有所感，望着那些鲜花，陷入沉思。"随着我进入生命的第八十个年头，奇观打动了我——亿万的星辰和太阳，用光填满了无穷的太空，默默地飞逝——在无法穿透、没有尽头的苍穹下，我突然产生了，就像瞬息间的火星，来自造物永恒的牺牲之火。"日月转动不息，白驹转瞬而过隙，八十年岁月匆匆，泰戈尔仰望繁星和太阳，对于时间的流逝，有了更深的体会。仰望星空，在浩瀚的宇宙中，我们都是微小的生命体，这不到百年的光阴，在无尽的苍穹下，不过刹那。

"我也是该剧中的一个人物，穿着扮演角色的服饰；我帮助把帘幕掀起，对我来说，那是了不起的奇观。祝福这地球，灵魂的短暂居所，它周身缠绕着天空、光明和疾风，运送着海洋、山脉和地下世界，是什么深沉的目的驱使它环绕着太阳！与这神秘的绳索相连，我八十年前来到这世界，此后也将在一些年后撒手人寰。"宇宙无边，每个人都是这个世界的一员，掀开世界的帘幕，就可以看到了不起的奇观，但这只是人类如盲人摸象般地感知世界，天体奥妙，真相是什么没有定论，诗人发出的疑问，也是全人类的疑问。

避世山中，泰戈尔度过了一段愉快的日子，而回到现实中后，他听说了欧洲的战事。阿道夫·希特勒领导纳粹德国，席卷整个欧洲，在短短的时间内就占领了欧洲的大部分国家和地区。那些泰戈尔曾经走过的地方，正在被一群凶狠的恶狼袭击着，那些可爱的人民，正在遭受着巨大的灾难。泰戈尔写了两首诗来表达心中的愤慨。

"鼓敲响了，风雨飘摇的时代啊，改变的时刻到了。新的篇章，冷酷无情的篇章，将要开始，否则怎么会有如此无情的浪费，这样肆虐的不公正现象。通过它自己的鬼魂，这未来的使者……在这败坏的年代里，什么将会消失？什么将会保留？现在是明理的时候了，为什么会有这应撇去的浮渣——还有那敲响的钟声。"

在这场战争中，整个欧洲都被战争肆虐，文明被破坏，到处都是死亡，留下的只有阶级压迫，这是不公正的战争，到处是疯狂的残杀。不公正就是这个世界的真实现状，人要做的是去追求并创造一个没有不公平、没有不公正的世界。人类未来的希望就在于此，诗人在诗中怒吼。

"在死亡的可怕舞蹈里，这丑恶的游戏达到高潮。当这充满罪孽的时代结束，人类为了赎罪，生活将简朴，将摆脱贪欲的束缚，将在葬礼柴堆的灰床上就座，思考一种新的创造。今朝的炮声轰鸣，就预示着这种新的创造。"在死亡的舞蹈中，每一个动作都揭示了人性，一针见血地让人看到了人性的丑陋与战争的残酷，胜利者以为头戴王冠坐上了宝座，其实却坐在万具骷髅的床上，伴随着贫穷和饥饿的到来，这场游戏达到高潮，却不是胜利者的游戏胜利了，因为在战争这个丑陋的游戏中从来就没有胜利者，所有人都是输家。

1940年8月7日，泰戈尔获得了英国牛津大学授予的博士学位，时任印度首席法官的莫里斯·格怀在会上致辞："我代表牛津大学授予你的荣誉，也就是授予它自己的荣誉。"仪式是在桑蒂尼盖登举行的，泰戈尔回想到年少轻狂的时候，他曾经远渡重洋在英国学习，如今方得始终。

在这一年冬季，泰戈尔发表了《最后的故事》《星期天》和《实验室》三篇短篇小说，收录在他最后的小说作品集《三个同伴》中。随后，泰戈尔写了一部回忆录《我的童年》，似乎人到暮年都会想起小时候的事情，他作品中写了很多儿时的趣事儿。

泰戈尔不论到多大岁数，都像个孩子，他也爱自己像个孩子那样，他始终保持童心，对世界的一切都好奇，所以他的作品中才会有一种孩子的憨劲，很多时候都没有什么花哨的辞藻，有的就是一种聪明到极致的憨。他的作品能轻易点燃人心，就是因为他的作品中有着那股牵动人心的力量。很多诗人、作家都会在时间的洪流中被遗忘，但泰戈尔不会。

他单纯的信仰将永远发光

> 你的星辰向他指示道路，就是他内心的道路，永远清晰，他单纯的信仰将永远发光。
>
> ——泰戈尔

1940年，泰戈尔来到喜马拉雅山的噶伦堡，打算在这里度过秋天，这是一处山清水秀适合修身养性的好地方。

9月25日，泰戈尔坐在秋日的阳光中，远望崇山峻岭，创作了一首诗："默默地惊喜着，天空拍起了手掌，我的欢乐里充盈着声响与色彩，噶伦堡领略到了吗？……清晨的金色铃铛叮咚作响，噶伦堡谛听到了吗？"诗境从心，一片岁月静好。

美好的时光总是短暂的，第二天，诗人就突然生病失去意识。当时所在的地方太偏远，焦急的人们根本找不到医生，只能从大吉岭找来一个半吊子医生，幸好加尔各答的医疗队及时赶到了，挽救了泰戈尔。可惜的是，虽然泰戈尔恢复了意识，但他的手再也没能拿起笔来。泰戈尔心有坚毅，什么也不能阻挡他创作的心，从那时候开始他就口述诗歌，让旁人代笔，直到生命的最后一刻。

"打开窗户，让花朵凛冽的香气进入我的房间，太阳的第一束光线沐浴着我的身心。我活着——让我仔细倾听这欢迎的言辞，在树叶的喃喃低语中……"每天都有新的诗从泰戈尔的脑中浮现，拿不动笔的时候他依然没有停止创作，他珍惜每一次写作的机会，因为每一次都是人生的最后一次。创作的热情驱动他与疾病战斗，病魔也不能阻挡诗人的创作之路，这段时间的作品被收录在《在病床上》和《康复集》中。

泰戈尔的病情没有向着人们想的方向发展，而是渐渐恶化了，就连坐在椅子上也成了美好的愿望，他只能躺在床上望向窗外。他想起了小时候，那时候他也常常在屋子里边，透过小小的窗口望向外面的世界。

过生日的时候，他写了一首永新者之歌："愿永新者露面，就像太阳那样露面，驱散层层迷雾；愿无尽处的无尽奇观，变得清楚明白，宣布生命的胜利。"在生命的最后时期，泰戈尔对这个世界依然保持着孩童之心，好奇地探索着窗外的世界，谦虚地表达自己看到的太少，还有更多的无尽奇观没有看到，他饱含信心，笃信生命会赢得胜利，一切终会清楚明白。信心是人获得力量的源泉，只要有信心，就没有做不到的。

泰戈尔口述的诗，是他在人生最后的日子里所做的最后绝唱，被整编为《最后的作品集》，于1941年出版。这一阶段泰戈尔的身体每况愈下，医生们坚持他应该进行手术治疗，但是泰戈尔知道最后的时刻就要到了，正如他诗中所说的："让鸟儿飞走的时候到了"，他并不希望再进行手术了，他想在桑蒂尼盖登度过他最后的时光。无奈，爱泰戈尔的人太多了，他们都希望能够延续和诗人在一起的时光，手术还是在众人的安排下准备进行了。7月25日，泰戈尔再次回到加尔各答，回到他出生的地方，回到他家中的祖屋。

"初始之日的太阳，向新显露的生命，提出那疑问，你是谁？没有回答。岁月流逝。临终之日的太阳，在西海岸滨，傍晚的静寂里，提出那疑问，你是谁？仍然没有回答。"泰戈尔早年写过"大海啊，你说的是什么？是永恒的疑问。天空啊，你说的是什么？是永恒的沉默。"这两首诗的表达方式与意味相同，都表达了诗人认识自我的过程。在生命的尽头，回首百年，经历了人间世事，诗人有了更深的感悟。生命之本义到底是什么？这是人用一生去问的。泰戈尔借太阳之口来问人类，嘿，你，来到这个世界的新生命，做了许多事，又要消失，你是谁？没有回答。因为人的一生已经对这个问题做出了回答，生命来了，又走了，做出了能做事情，生命就是永恒的，问题的本身就是答案，疑问是人类进步的原动力。

这首诗是他献给心中之神的最后歌曲。"你是谁？"这是一个永恒的疑问。"没有回答"，这是大道无言。生命是比死亡更重要的存在，而人类精神比肉体生命更为重要。

7月30日清晨，泰戈尔在进手术室之前，口述了人生最后一首诗。诗中写道："你的星辰向他指示道路，就是他内心的道路，永远清晰，他单纯的信仰将永远发光。"泰戈尔这一生，仰望星空，有星辰为他指路，听从内心的呼喊，跟随心中的信仰，他始终前行，他将他所深爱的化成一生的事业，他尽情的创造以画作、文本和歌曲的形式留了下来，单纯的信仰让人幸福，天赋和努力让他发光。

手术后，泰戈尔再也没有醒过来。1941年8月7日，泰戈尔离世，就在他当年出生的那个屋子中，从何处开始，又从何处结束，他人生的旅程画出了一个完美的圆圈，辗转世界多地，脚步遍及全球，他回到了原点，画上了一个完美的句号。

"前面是宁静的海洋，放下船吧，舵手。你就是永远的同伴……"人民唱起他亲手写的诗歌，这是他从前就为自己写的葬礼之歌，让生命回归。每个人都是大地的尘埃，每个人都是沧海的一滴，芳华过后，一切如初。

自此，每当泰戈尔的周年纪念日，人民都会唱起这首歌追忆这位伟大的诗人。有些人，注定不会被时间的河流吞没，值得去怀念与铭记。

后记

"生如夏花之绚烂,死如秋叶之静美。"当人生落下帷幕的时候,才看清楚泰戈尔辉煌的一生。

泰戈尔以手中之笔,揭开世界的面纱,那些触动灵魂的文字,写尽世间所有。大声地读出那些美妙的诗,让诗在舌尖和心头辗转,你就被带进一个诗的圣殿,从愚者走向智者,从混沌走向明晰。只因他的作品蕴含着神奇的力量,让读者进入阳光、大地、清风、甘泉和爱所环绕的境界之中,带人去聆听那世界最真实的声音。穿行世间,他的心灵不受国界、民族的束缚;笔墨耕耘,他用睿智的言辞让心灵越飞越高。跟随泰戈尔的脚步,吟诵那些永恒的诗篇,你会在追求梦想的时候不迷茫,在创造财富的时候不自私,永远保持一颗超然的慈悲之心。世界在你眼中变得透明,爱和力量在你的心中升腾。

叶芝说过:"每天读一句泰戈尔的诗,让我忘记人世间所有的苦痛。"碧海蓝天之下，静夜冥想之中，人生的路那么长，有泰戈尔以文字带路，真好。

最后，要对创作组曹盛敏、高婉卓、刘丽娟、杨帆、彭东、吴丽丽、徐晋书、杨秀梅、尤秀如、王欣然、王瑶、张泽、刘万彬等各位老师表示衷心感谢。在本书创作过程中，各位老师都付出了辛勤的汗水，为本书查阅资料、校对书稿，并适时提出建议，做出指导。正因如此，本书才能在千锤百炼后，更好地展示传主传奇而富有诗意的人生，为读者呈现更优质的文学体验。

附录　泰戈尔大事年表

1861年5月7日，拉宾德拉纳特·泰戈尔在印度加尔各答诞生。

1868年进入东方学校学习，后又转入加尔各答的师范学校。

1872年举行圣线仪式，表明成年。跟随父亲远游，攀登喜马拉雅山。

1874年进圣泽维尔中学。

1875年辍学，由家庭教师授课。母亲夏乐达去世。

1877年为大哥创办的《婆罗蒂》杂志写稿。

1878年去英国留学。出版长诗《诗人的故事》。

1880年学业未成，从英国返回印度。

1881年出版音乐剧《蚁垤天才》、书信集《旅欧书札》、诗剧《破碎的心》。

1883年结婚，娶默勒纳利妮为妻。出版诗集《晨歌》、长篇小说《王后的市场》。

1884年五嫂迦登帕莉·黛维自杀。出版诗剧《大自然的报复》、短篇小说集《饥饿的石头》。

1886年长女玛吐莉勒达出生。创作诗集《刚与柔》。

1887年创作长篇小说《贤哲王》。参与社会改革，公开谴责童婚习俗。

1888年长子罗梯出生。出版音乐剧《幻觉的游戏》。

1889年创作诗剧《国王和王后》。

1890年去英国旅行。二女儿出生。出版诗集《心灵集》。听从父亲的命令，管理庄园。

1891年创作诗剧《齐德拉》，出版游记《旅欧日记》。

1892年小女儿出生。出版短篇小说《喀布尔人》。

1894年小儿子出生。出版短篇小说集《小说编》、诗集《黄金船》。

1896年出版诗集《缤纷集》《收获集》。

1898年英国政府通过"反煽动法案"，他公开宣读《无声的抗议》，谴责英国殖民当局。

1899年创作诗集《故事》和《民谣》。

1900年出版诗集《梦幻》《瞬间》《祭品》。

1901年在桑蒂尼盖登办学，12月22日学校正式开学。

1902年妻子病逝。

1903年二女儿病逝。出版诗集《儿童》。

1905年父亲逝世。参与并领导反对国家分裂的示威游行，创作爱国主义诗歌。

1906年送长子罗梯去美国学习农业科学。出版诗集《渡口》。

1907年回桑蒂尼盖登从事文学创作和教育活动。小儿子去世。

1909年发表剧本《忏悔》。长子回国。

1910年出版诗集《吉檀迦利》。

1911年创作著名歌曲《人民的意志》，1950年被定为印度国歌。

1912年出版自传《回忆录》。访问英国和美国。英文版诗集《吉檀迦利》问世。

1913年因英文版诗集《吉檀迦利》荣获诺贝尔文学奖。被加尔各答大学授予文学博士学位。英文诗集《园丁集》《新月集》出版。

1914年出版诗集《颂歌》和《歌之花环》。

1915年甘地与泰戈尔在桑蒂尼盖登第一次会面。被英国政府授予爵士头衔。

1916年出版诗集《飞鹤》。访问日本和美国。在日本发表题为"国家主义"的演说。在美国发表题为"人格"的讲演。出版英文诗集《采果集》和《飞鸟集》。

1917年在加尔各答的印度国大党会议上朗读他的长诗《印度的祈求》。

1918年在印度各地游览和演说。

1919年写信给印度总督，愤怒抗议英国殖民当局在阿姆利则的暴行，宣布放弃英国政府授予的爵士称号。

1920年访问英国、法国、荷兰和美国。

1921年访问法国、瑞士、德国、瑞典、澳大利亚、捷克斯洛伐克等国。在巴黎会见罗曼·罗兰。在德国会见托马斯·曼。在桑蒂尼盖登创办的学校正式成为国际大学。

1922年出版诗集《儿童天真》。

1924年访问中国，在上海、济南、北京等地发表演讲。随后相继访问日本、秘鲁，中途因病在阿根廷的布宜诺斯艾利斯停留。

1925年离开布宜诺斯艾利斯。回印度后在桑蒂尼盖登会见甘地，但对不合作等问题存在意见分歧。出版英文演讲集《在中国的演讲》。

1928年开始画画。

1930年在巴黎、伦敦等地举办个人画展。

1931年在印度隆重庆祝诗人70大寿。

1932年写诗文抗议英国殖民当局逮捕甘地，去狱中探望。访问伊朗和伊拉克。出版诗集《尾声》。

1937年9月10日突然不省人事，陷入昏迷，苏醒后创作绘画与诗歌，出版了诗歌《韵律中的图画》和《无意义的韵律》。

1938年出版诗集《生死边缘》。

1939年出版诗集《天灯》。

1940年出版诗集《新生》《笛子》。荣获牛津大学授予博士学位。

1941年 8月7日在加尔各答祖居逝世。诗集《康复集》《生辰集》和《最后的作品集》等出版。